# 왜 독특함은 인간을 위대하게 만드는가

## 1권_ 군중을 떠나 자기 자신이 되는 용기

김병완

플랫폼연구소

왜 독특함은 인간을 위대하게 만드는가 _ 1권

군중을 떠나 자기 자신이 되는 용기

“(기업, 그리고 당신에게)

차이, 특히 극적인 차이야말로
브랜딩의 전부다.

당신은 어떤 면에서 독특한가?

그걸 찾아내라.
그걸 선전하라.
그걸 키워라.”

톰 피터스,
<인재>, 51쪽

## 프롤로그_ 독특함은 부와 성공을 끌어당긴다.

시대가 바뀌었다.

이제는 '감성과 창조의 시대' 다.

" 부와 성공을 보장하는 것은 당신의 독특함이다."

당신에게는 이 세상에 내놓을 만한 당신만의 '독특함' 이 있는 가? 없다면 지금부터 당신만 가지고 있는 당신만의 '독특함 '을 만들어나가야 한다. 독특함을 만들기 위해서는 무엇보다 독특함에 미쳐야 한다.

왜 굳이 독특함에 미쳐야 하는 가? 그저 열심히 살아가면 안 되는 것일까?

그 이유는 이것이다.

"독특함은 독특함에 미치는 자에게만 주어진다. "

바로 이것 때문이다. 그러므로 이 책을 통해 독특함에 미치는 인생이 되어야 한다.

한번 뿐인 인생을 시시하게 살다갈 것인가?
독특함에 미침으로써 남과 다른 인생을 보란 듯이 살아낼 것인가?

선택은 당신에게 달려 있다.
선택은 당신의 몫이다.

당신은 한번 뿐인 인생을 평범하게 살다 갈 것인가? 독특함을 갈망하며 위대한 삶을 살다 갈 것인가?

'성공을 쫓지 말고 독특함에 미쳐라.'

성공을 쫓기 때문에 성공을 하지 못 한다는 사실을 아는 가? 성공을 하고 싶다면 성공을 쫓지 말고 독특함을 갈망하고 독특함을 쫓아야 한다. 독특함을 갈망하며 독특함을 쫓는 사람에게는 항상 부와 성공이 부산물로 생긴다는 사실을 명심해야 한다.

“ 진정한 성공의 전략은 성공을 쫓는 것이 아니라 독특함을 갈망하고 독특함을 쫓는 것이다. “

그렇다면 독특함을 갈망하고 독특함을 갖추기 위해서는 어떻게 해야 하는가?

당신의 외면인 세상에 집중하기 보다는 당신 자신의 내면에 집중해야 한다. 자기 자신을 깊고 넓게 성찰해 보아야 한다. 자기 자신의 강점에 집중하는 자기 경영의 대가가 되어야 한다.

어느 시대에나 어려운 상황에서 성공을 이루어낸 사람들은 모두 자기 자신을 경영하여 성공한 사람들이었다. 자기 자신을 경영한다는 것은 그렇다면 무엇을 말하는 것일까?

진정한 자기 경영은 자신을 관리하여 궁극적으로 독특함에 이르게 해야 한다. 지금은 남들보다 잘 하는 사람이 아닌 남과 다른 튀는 사람이 더 필요한 감성과 창조의 시대이기 때문이다.

지금까지 출간된 많은 책들은 '자기 자신을 경영한다' 는 것을 혁신을 하거나, 시간 관리를 하는 것에 초점을 맞추고 있다. 하지만 진정한 자기 경영은 자신의 강점을 경영하는 것이다. 왜냐하면 자신의 강점을 경영할 때 독특함에 이를 수 있게 되기 때문이다.

이러한 사실을 등한시하고, 오직 남들처럼 되는 길, 남들이 갔던 길을 가는 길을 따라 가는 것, 즉 스펙을 쌓고, 남들 수준보다 조금 더 잘 하기 위해, 즉 눈앞의 성공을 쫓아서 오늘도 고군분투하고 있다. 하지만 우리가 명심해야 할 것은 우리로 하여금 정상에 서게 해 주는 것은 성공을 쫓는 전략이 아니라 독특함을 쫓는 전략이라는 것이다.

기회가 아무리 와도, 준비된 자에게만 그것이 기회로 다가온다. 많은 사람들이 제대로 준비를 하지 않고, 성공하기에만 열중하고, 남들만 따라 하면서 바쁘게 살고 있다. 그렇게 정신없이 인생의 대부분을 보내고 나서, 정신을 차리게 되면, 그 때서야 자신이 전심전력했던 자기계발이 껍데기였음을 깨닫게 되고, 인생의 긴 방황은 시작

되며, 조용한 절망이 시작 되게 된다.

실패하는 인생을 살게 되는 가장 큰 이유는 자신의 잘못된 선택 때문이지, 자신이 게을러서, 혹은 실력이 부족해서가 아니다.

'성패를 결정짓는 것은 능력이 아니라 선택의 문제다.'

두 사람이 동일하게 자기 계발을 열심히 하고, 열심히 살아가지만 한 사람은 성공이란 것을 거머쥐게 되지만, 다른 한 사람은 실패의 쓰라린 잔을 마시거나, 잘 되어야 평범한 삶을 산다. 이것이 현실이다. 그렇다면, 왜 똑같이 성실하게 살았지만, 결과는 달라지는 것일까?

그것은 두 사람이 선택한 방법과 목적지가 전혀 다르기 때문이다.

한 명은 자신의 강점을 발견하고, 그 재능을 극대화하여, 자신을 더욱 더 남과 차별화하고 자신을 위대하게 만들어가는 자기계발이지만, 다른 한 명은 자기 자신의 강점에 집중하기 보다는 타인에게 더 집중하여, 타인의 성공 법칙을 따라 하며, 타인이 이미 성공한 길을 따라 가면서, 타인과 같은 성공을 하기 위해 노력하는 자기 계발이다.

똑같이 열심히 살았지만, 어떤 방법을 선택 하느냐에 따라, 단 한 번뿐인 인생의 질과 결과는 180도 달라진다.

당신은 어떤 인생을 살아갈 것인가?

성공을 쫓아가는 인생 대신 독특함을 쫓아가는 인생을 선택하라.

독특함을 갈망하는 사람은 외면이 아닌 내면을 응시하고, 자신을 성찰하고, 항상 깨어있는 사람이라고 할 수 있다.

" 당신의 비전은 자신의 마음속을 깊이 꿰뚫어 볼 때에만 분명해 질 것이다. 바깥을 응시하는 사람은 백일몽을 꾸지만, 내면을 응시하는 사람은 깨어 있다."

이 책에서 말하고 있는 독특함에 이르게 하는 자기 경영은 칼 구스타브 융의 말처럼, 바깥을 응시하는 자기 경영이 아니라, 자신의 내면을 응시하는 자기 경영이다.

즉 자신의 내면에 숨겨져 있는 자신만의 강점을 발견하고, 그것을 극대화하는 강점 경영이라는 점이다. 강점 경영을 중요시 하는 이유는 강점 경영을 통해, 우리는 타인을 닮아가는 혁신이 아닌, 남들과 더욱 더 차별화 되고, 남들과 더욱 더 달라지는 혁신을 할 수 있기 때문이다.

이것이 이 시대에 반드시 필요한 생존전략인 이유는 그것이 가장 큰 경쟁력이 되는 되는 시대이기 때문이다.

인생을 나름대로 열심히 살아가고 있지만, 뚜렷한 성과가 없고, 갈팡질팡하며, 길을 찾지 못 하고 방황하고 눈부신 인생보다는 평범한 인생을 살아가고 있는 사람들에게 이 책은 꼭 필요하다.

“ 인생이여! 독특함에 미쳐라!

독특함에 미치는 자만이 독특함을 갖출 수 있게 된다. ‘문도 두드려야 열리고, 하다못해 물 한 그릇도 구해야 받을 수 있듯, 독특함도 마찬가지이다.

이 세상에 공짜는 없다. 그저 열심히 살아가는 데 위대해진 이는 단 한 명도 없다. 독특함을 구하고, 찾고, 미친 사람만이 위대해졌던 것이다.

그러므로 지금 당장 독특함에 미쳐라. 그것이 평범했던 당신이 위대해지고, 비범해지고, 탁월해지는 유일한 방법이다. “

<목차>

## 제2장. 성공에 집중할 때 인생은 평범해진다.

1. 청춘이기에 모든 것이 용서된다고 생각하지 마라.
2. 살다 보면 알게 되는 것들?
3. 내 인생에 다시 찾아온 두 번째 군대생활?
4. 진짜 위대해 진다는 것!
5. 독특함은 인생 혁명에서 비롯된다.
6. 최고가 될 수 있는 그것을 붙잡으라.
7. 독특함의 첫 단추는 인생의 항로를 결정하는 것이다.
8. 독특함은 우리 내면에서 나온다.
9. 독특함은 달란트를 최대한 활용하는 것이다.
10. 평범한 자신을 위대하게 만드는 방법

episode _ 독특함의 대가를 직접 만나라. II

독특함의 대가 II - 워렌 버핏

제3장. 어디에 나의 독특함이 있는가?

1. 평범함에 지친 당신이 위대해지는 법.
2. 자기 자신을 무엇보다 정확하게 성찰해 보라.
3. 자기 경영의 요체는 독특함을 찾는 것이다.
4. 시간 경영으로는 절대 위대해 질 수 없다.
5. 자기 경영은 위대한 자신이 되는 것이다.
6. 자기 자신이라는 핵심 가치에 집중하라.
7. 인생을 바꾸고 싶다면 독특함에 집중하라.
8. 약점은 결코 자신을 성장시킬 수 없다.
9. 독특함은 성공을 뛰어 넘어야 한다.
10. 왜 죽도록 일하는 데 위대해지지 못 할까?

episode _ 독특함의 대가를 직접 만나라. III
독특함의 대가 III - 타이거 우즈.

제4장. 독특함은 사람마다 다른 것이다.

1. 한국 사회에서 태어나지 않았기에 위대해지다.

# 제1장. 성공보다 독특함에 집중하라.

## 1. 독특함이 당신을 최고의 삶으로 이끈다.

" 훌륭함은 가르칠 수 없다."

그렇다. 소크라테스의 이 명언처럼 학교에서 배울 수도 없고, 누군가가 누구에게 가르쳐 줄 수도 없는 것이 바로 훌륭함에 이르는 길일 것이다. 탁월해지고, 훌륭해지는 이런 것들은 가르칠 수도, 배울 수도 없다.

그런데 이러한 훌륭함이 가르칠 수 없는 이유는 무엇일까? 그것은 바로 그것이 독특함에 본질을 두고 있기 때문이다. 사람마다 저 마다의 훌륭함은 결국 남과 다른 독특함에서 비롯되기 때문인 것이다.

바로 이런 이유에서 남들처럼 열심히 일만 하는 사

람들은 평생 평범한 삶에서 벗어나지 못 한다. 그래서 열심히 일하지만 어제와 오늘이 같고, 오늘과 내일이 같다. 하지만 독특함에 미치는 사람은 어제와 전혀 다른 내일을 살아갈 수 있다.

삼성의 성공 비결에 대해서는 수 십 권의 책을 쓸 수 있고, 실제로 책을 썼지만 그럼에도 한 마디로 말할 수 있다. 그 본질은 결국 '남과 다른 독특함에 미쳤기 때문'에 훌륭함을 스스로 만들어내었기 때문이다.

삼성은 일본 기업이 하지 않았던 '의식 혁신'을 했고, 다른 반도체 선발 기업들이 선택하지 않았던 '스택' 방식을 선택했고, 표준이었던 6인치 대신 8인치를 선택했고, 아날로그 시대에 먼저 디지털 시대를 준비했다.

다른 기업들이 잘 나간다고 무조건 벤치마킹하지 않았다. 결정적인 순간에 남과 다른 전략을 선택하고 구사했던 것이다. 그것이 최고의 성공 비결인 것이다.

한국의 기업으로 삼성전자는 2010년 1월 외신의 보도에 따르면, 세계 최고의 정보통신(IT)기업인 HP를 매출액에서 뛰어넘어 명실상부한 세계 최고의 IT 기업으로 도약했다고 한다.

하지만 그 외신의 끝부분에는 매우 냉혹한 평가도 덧붙여졌다. 삼성전자가 매출에는 1위를 했지만, 혁신 제품을 만들어 낼 만큼의 기술이나 혁신은 없는 패스트 팔로워(fast follower)에 불과하기에 미래가 어둡다는 것이다.

냉정하게 평가해 볼 때 2010년 초반까지 삼성전자는 반도체, LCD, TV, 휴대폰 등의 분야에서 괄목상대할 만큼의 눈부신 성장을 보여 왔다. 하지만 그것이 혁신 기업이기 때문에 그렇게 된 것이 아니다.

세계적인 혁신 제품을 최초로 만들 정도로 기술력이나 자본력이 세계 최고는 아니었기 때문이다.

삼성전자가 혁신 기업이 아니었지만 최근 3년 만에 일류 기업으로 도약하게 되는 그러한 과정, 3년 전에만 해도 글로벌 넘버 5에도 스마트폰 분야에서 들지 못 할 정도의 삼성전자가 3년 만에 쟁쟁한 혁신 기업들을 다 뛰어넘고 넘버원이 될 수 있었던 비결은 삼성전자의 기술이나 자본력 때문이 아니라 남과 다른 독특한 시스템, 남과 다른 독특한 조직 문화, 남과 다른 독특한 전략 때문이었다.

겉으로 보기에는 그저 '패스트 팔로워' 에 불과한 것처럼 보였던 삼성은 내부적으로 '남과 다른 독특함' 을 항상 가지고 있었다. 1993년 신경영 선언, 7.4 출근제, 라인 스톱제, 휴대폰 화형식, 지역 전문가 제도 등과 같은 것을 봐도 삼성이 독특한 회사라는 것을 쉽게 알 수 있다.

삼성의 성공 비결은 바로 이러한 독특함이었다. 스피드, 의식, 변화, 도전과 같은 요소들도 물론 중요한 성공 요소였음을 부인할 수는 없지만, 여기에 독특함이 접목되지 않았다면 지금처럼 성공하지 못 했을 것이다.

이러한 사실은 기업뿐만이 아니라 개인에게도 그대로 적용된다고 할 수 있다. 필자역시 남들을 따라서 살 때 보다 자기 자신만의 길을 개척하며 나아갈 때, 즉 자신의 독특함에 미칠 때, 훨씬 더 나은 삶을 살아 갈 수 있게 되었던 것이다.

"이제 벤치마킹의 시대는 끝났다. '퓨처마킹(Future marking)'의 시대가 왔다!"

세계적인 경영 구루(guru)인 톰 피터스(Tom Peters)의 말이다. 그의 말은 성공 신화를 만들어 내었던 기존의 타인의 성공 법칙과 타인의 최고 제품을 베끼고 따라 하던 방식의 시대는 종식을 고해야 한다는 것을 의미한다.

그의 말 속에는 과거 50년 동안 유효했던 성공의 방식과 제품과 서비스들이 이제는 더 이상 유효하지 않은 시대 즉 모든 것이 변하고 있는 시대라는 의미도 내포되어 있다. 이런 변화의 시대에 우리는 더 이상 타인의 성공 전략만을 따라 하고, 고수할 수 없다. 왜냐하면, 이미 누구라도 다 사용하는 보편화된 성공 법칙을 따라 하기만 해서는 더 이상 그것이 성공을 보장해 줄 수 없기 때문이라고 나는 생각한다.

톰 피터스는 자신의 저서인 [미래를 경영하라]란 책을 통해서 일관되게 '브랜드 유의 세계에서는 반드시 남과 달라야 한다.'는 사실에 대해서 우리를 일깨워 준다. 그것도 충격적일 정도로, 완전히 달라야 한다고 말이다.

세계적인 경영학자인 짐 콜린스는 자신의 명저인 [좋은 기업을 넘어 위대한 기업으로(원제:Good to Great)]란 책을 통해, 강점에 집중하는 전략의 위력을 잘 설명해 주기도 한다.

그는 여우와 고슴도치에 대한 이야기를 비유로 하여, 오직 자신만이 잘 할 수 있는 한 가지 것에만 우둔하게 초점을 맞추고, 다른 것에 눈길을 주지 않는 기업 즉 강점에만 집중하는 기업과 그렇지 못 한 기업 즉 이것저것 여러 가지 방법과 전략을 다 사용하는 약삭빠르고 교활한 여우와 같은 기업에 대해서 재미있는 사실을 주장한다.

좋은 기업은 이런 여우와 같은 기업일 수 있지만, 결론적으로 좋은 기업을 뛰어 넘어 위대한 기업으로 성장할 수 있는 기업은 우둔하게 자기가 남들보다 절대적으로 잘 할 수 있는 단 한 가지 강점에만 집중하는 기업이라고 말하고 있는 것이다.

여우는 매우 교활하여, 타인이 성공을 이룩한 여러 가지 방법들과 법칙들을 발 빠르게 흉내 내고, 따라 해 보며, 여러 가지 전략을 시도해 본다. 즉 이것도 해 보고, 안 되면, 다른 것도 해 본다. 그리고 그것도 안 되면 또 다른 시도를 한다.

하지만 고슴도치는 이와 다르다. 고슴도치는 다른 사람의 성공의 비결에는 관심이 없다. 오직 고슴도치는 자신만이 잘 할 수 있는 것 즉 자신의 가시를 세우고 몸을

움츠리는 것, 그로 인해 상대방이 스스로 그 가시에 찔리도록 하는 것에만 집중하여, 그 결과 승리를 하게 된다.

고슴도치는 타인이 가진 경쟁력을 더 중요하게 생각하지 않았다. 자기 자신이 가진 남과 독특함을 발견하고, 그것을 붙잡고, 그것을 개발시켰고, 그것만 사용했다.

기업은 고슴도치처럼, 자신이 가장 잘 할 수 있는 것, 자신이 현재 가지고 있는 것에 대한 철저한 분석을 통해, 자신의 강점을 발견하고, 그것에 오롯이 집중할 때, 그리고 모든 에너지를 한 곳에 쏟아 부을 때, 위대한 기업으로 성장 할 수 있음을 말해 준다. 이러한 기업 이론은 개개인에게도 아주 잘 적용 가능한 생존 전략이다.

바로 자신의 강점이 무엇인지, 자신이 현재 가지고 있는 능력이나 소질, 남들보다 잘 할 수 있는 한 가지, 무엇보다 남과 다른 자신의 독특함을 발견하여, 그것에 온 힘과 에너지를 쏟아 부을 때, 성공의 길을 갈 수 있게 된다. 바로 이것이 이 책에서 말하고자 하는 독특함의 경영이 바로 자기경영의 요체이다.

기존의 성공 전략을 제시해 주고 있는 자기 계발 도서의 가르침대로, 아무리 목표를 설정하고, 그 목표대로 할 수 있다고 긍정적으로 생각한다 해도, 자신의 목표대로, 자신의 생각대로 다 이루어 지지 않는 경우가 더 많은 이유가 무엇일까?

아무리 이러한 꿈과 열정, 노력, 목표, 비전 등과 같은 성공 키워드와 같은 몇 가지 성공 요소들을 붙잡고, 실천을 해도, 성공보다는 실패를 더 많이 하게 된다는 것을 부인할 수 없는 이유가 무엇일까?

그것은 자신을 성공으로 이끌 수 있는 것은 자신만이 가진 자신의 강점, 독특함을 발견하고, 그것의 능력과 영향을 극대화시키는 전략에서 비롯된다는 사실을 깨닫지 못 하고, 자신의 약점일 수 있는 타인의 성공 법칙과 성공 방법에만 집중하여, 그것을 극대화시키려고 헛된 노력을 하기 때문이다.

무엇을 하든 가장 중요한 것은 무조건 열심히 하고,

무조건 남들을 따라 가는 것이 아니라, 제대로 된 자신만의 방법과 길을 발견하여, 그 길을 가는 것이다. 그렇게 해야만 하는 이유는 68억 인류는 모두 68억 개의 성공법칙이 존재할 수 있기 때문이다.

손자병법에도 자신을 잘 알고, 상대방을 잘 알면, 백 번 싸워도 절대 위태롭지 않다고 했다. 우리들이 항상 실패의 위험 속에서 허덕이는 이유는 우리 자신에 대해 너무 모르고 있기 때문이다. 자신의 강점을 제대로 발견하고, 그것에 집중할 때, 성공의 문은 열리게 되어 있다. 그런 점에서 자신을 경영해야 하는 것이 선택이 아니라, 성공을 향한 필수 전략인 셈이다.

자신을 극복하고, 자신을 성장시키지 못 한 사람은 아무리 꿈을 꾸어도 그 꿈은 절대로 이루어 지지 않는다. 왜냐하면 성공과 실패를 결정짓는 것은 꿈, 열정, 목표와 같은 외부적인 요소가 아니라, 자기완성에 달려 있기 때문이다.

자기를 극복하고 자신을 성장시켜 자신을 완성하기 위한 최고의 지름길은 자신의 약점을 보완하고, 타인의 성공의 법칙을 따라 가는 길이 아니라, 자신의 강점을 발견하고, 자신의 강점에 집중하여, 강점을 키우는 길이다. 그래서 무엇보다 어제의 자신과 오늘의 자신이 늘 한결같이 똑 같은 사람은 절대 성공할 수 없는 것이다.

어제의 자신보다는 조금이라도 성장하고 변화된 오늘의 자신이어야 하고, 오늘의 자신보다는 조금이라도 더 성장하고 변화된 내일의 자신이어야 하는 것이다. 자신의 약점이 아닌 강점에 집중하는 사람은 어제는 날지 못 했지만 오늘은 날 수 있게 된다. 그것이 강점이 가진 유리함인 것이다. 약점은 아무리 보완해도, 평균 이상이 되기는 힘들다.

“ 서툰 일을 개선하는 데 많은 시간을 소모해서는 안 된다. 그것보다는 자신의 강점에 집중해야 한다. 무능함을 보통 수준으로 끌어올리기 위해서는 일류를 초일류로 만드는 것보다도 훨씬 많은 에너지와 노력이 필요하다. “ - 피터 드러커 -

무엇보다 우리가 약점이 아닌 강점에 집중해야 하는

가장 큰 이유는 그것을 통해 우리가 가지고 있지만, 미처 발견하지 못 한 독특함을 끄집어 낼 수 있기 때문이다.

독특함을 갖추게 되면, 비로소 성공이 비롯되기 때문이다. 성공의 기회는 스스로 창조하는 자의 것이다. 그 기회를 창조할 수 있는 자는 자신의 강점을 발견하고 집중하여 자신의 독특함을 발견하고 자신만의 독특함을 갖춘 자들이다.

그리고 우리를 변화시키는 것도 역시 우리의 약점이 아닌 강점이며, 독특함이다. 우리를 최고 수준까지 이끄는 것도 역시 우리의 약점이 아니라, 강점이기 때문이다. 우리의 진정성을 일깨워주는 것도 약점이 아니라, 강점이기 때문이다.

우리를 약한 인간이 아닌 강한 인간으로 만들어 주는 것은 역시 우리의 독특함이기 때문이다. 이러한 것들이 성공을 위해서 반드시 필요한 이유는 아무리 많은 기회를 창출한다고 해고, 준비되지 않은 자에게는 어떠한 기회도 무용지물이 되어 버리기 때문이다.

강점 경영을 하여 자신만의 독특함을 갖춘 자는 성공의 기회를 스스로 창조할 수 있을 뿐만 아니라, 창조된 기회를 완벽하게 살릴 수 있는 준비된 자, 즉 최고가 될 수 있다.

## 2. 독특함은 변화를 통해 이룰 수 있다.

21세기는 변혁의 시대이다. 작년과 금년의 경제 상황이 확연하게 다르고, 어제와 오늘의 승자가 분명하게 차이가 난다. 즉 과거에는 매우 고정적인 사회였다. 그래서 한 가지의 자격증만 가지고 있어도 평생 걱정 없이 살아갈 수 있었다.

하지만 지금은 한 가지 자격증, 하나의 회사, 하나의 직업만으로는 평생을 잘 살아갈 수 없다. 이러한 시대에 가장 요구되는 자질은 유연함이라고 나는 생각한다.

성공한 이들을 보면 많은 사람들이 유연한 사고력을 가지고 변화하는 상황에 매우 유연하게 대처할 수 있는 능력을 가지고 있다는 것을 쉽게 발견할 수 있다. 어제의 고객과 오늘의 고객이 다르고, 어제의 성공 방식과 오늘의 성공 방식이 급격하게 달라지기 때문에 어제와 같은 방식을 늘 유지하는 사람들은 더 이상의 발전이 없다고 볼 수 있는 것이다.

" 만일 당신이 언제나 늘 하던 그대로 행동한다면, 당신은 언제나 늘 얻던 것을 얻게 될 것이다. "

라고 말했던 에이브러햄 링컨의 말대로, 우리의 강점은 우리로 하여금 변화를 추구하게 하고, 그 결과 우리를 변화시켜 주어, 언제나 늘 하던 그대로 행동하는 삶에서 벗어나게 해 준다. 그리고 무엇보다 최고가 될 수 있도록 해 준다.

자신의 강점이 무엇인지도 제대로 파악하지 않은 채, 꿈만 꾸고, 열정을 품고, 목표를 설립하고, 비전을 시각화한다고 해서, 자신의 인생이 달라질 것이라고 생각해서는 안 된다. 자신의 강점을 파악하고, 그것을 발견하고, 강점에 집중한 사람들에게 꿈과 열정과 목표와 비전이 더해지면, 큰 위력이 발생하게 된다는 사실을 명심하자.

"성공에 집착하면 할수록 성공은 우리로부터 멀리 달아난다. 하지만 우리가 강점에 집착하면, 성공은 우리의 강점에 노크를 하게 될 것이다."

자신의 강점에 집중해야 하는 또 다른 이유는 "사람은 오직 자신의 강점을 통해서 능력을 발휘할 수 있기" 때문이다. 수많은 자기 계발 도서들이 주장하고 있는 성공 법칙들은 모두 일말의 의심도 없이 위대한 법칙들임에 틀림없다.

그 이유는 그러한 책들을 통해 희망과 용기를 얻고, 나아가서 삶이 변화된 사람들이 많다는 사실을 절대 부인할 수 없기 때문이다. 그래서 그러한 성공 법칙들을 말해주고 있는 책들은 모두 저마다의 소중한 가치가 담겨 있는 책들이다. 하지만 그러한 성공법칙들보다도 가장 먼저 우선시하고, 고려해야 할 두 가지 사항이 있다.

첫째. 우리 모두는 서로 너무나 다르다는 점이다. 능력이 다르고, 재능이 다르고, 가치관이 다르고, 성격이 다르고, 주어진 존재 목적이 다르고, 주어진 환경과 형편과 처지가 다르다.

둘째. 우리를 성공으로 이끄는 가장 중요한 성공의 법칙과 성공의 조건은 만인에게 동일하지 않다는 점이다. 왜냐하면, 사람마다 자신의 능력을 최대로 발휘할 수 있는 환경과 분위기, 감정 상태, 정신 상태가 다 다르기 때문이다.

이 두 가지 사항을 다시 한 가지 예로 설명하면 이렇다. 열정이라는 요소가 강점인 사람도 있는 반면에, 다른 사람은 열정보다는 창의성이 강점인 사람이 있다는 것이다. 또한 창의성이 강점인 사람이 있는 반면에, 다른 사람은 성실이 강점인 사람이 있는 것이다.

또 어떤 사람은 협동과 사교성이 최대의 강점인 사람이 있고, 또 어떤 사람은 도전정신이 강점인 사람이 있는 것이다. 그래서 어떤 사람들은 열정을 더욱 더 강하게 만드는 자기 계발 도서를 통해, 성공에 이를 수 있다.

하지만, 또 다른 사람들은 이전 사람들을 성공으로 이끈 결정적인 요소인 열정보다는 창의성이나 아이디어를 키울 수 있게 조력해 주는 자기 계발 도서를 통해 성공에 이르는 데 가장 큰 도움을 얻게 되는 것이다. 그리고 또 다른 사람들은 열정이나 창의성이 아닌 또 다른 요소 가령 포기하지 말고 도전하라는 성공 법칙을 자신에게 적용시켜 큰 성공을 이룰 수 있게 되기도 한다.

이처럼 사람마다, 성공의 조건은 각각 다르기 때문에, 자기에게 가장 최적의 자기 계발도 다 다를 수밖에 없다는 사실을 깨닫는 것이 중요하다. 하지만 이제 이것마저도 무용지물이 되었다.

세상이 급변하고 있기 때문에, 다행히 자신에게 맞는 성공 법칙을 잘 선택하여, 그것을 따라 열심히 노력한다 해도 무조건 성공이 보장 되는 것이 아닌 시대에 우리가 살고 있기 때문이다.

이러한 시대적 변화를 통해, 우리가 선택해야 할 성공 전략은 기존의 성공 법칙들을 뛰어 넘어, 새로운 관점의 전략이 필요하다는 사실에 우리는 주목해야 한다. 불과 몇 년 전에는 타인의 성공 법칙과 전략을 그대로 따라 하는 벤치마킹으로 충분히 승산이 있었지만, 이제는 더 이상 남을 따라 하는 벤치마킹으로는 생존조차 하기 힘들어 졌다.

그 이유는 우리 사회가 점점 승자 독식 사회가 되어 가고 있기 때문이기도 하지만, 무엇보다 기존의 성공 법칙들은 세상이 좀 더 지금보다 훨씬 느리게 변화 될 때를 배경으로 하여 성공했던 이들의 성공 법칙들과 그러한 성공 법칙들이 모두 인간의 외부적인 상태나 조건에 초점을 맞추고 있기 때문이다.

다시 말해, 성공하는 주체는 바로 인간 자신이지만, 우리는 우리 외부의 조건들, 즉 시간 관리나, 목표 수립, 꿈을 꾸고 열정을 품고, 결코 포기 하지 않는 것, 긍정적인 생각을 하는 것 등과 같은 것들에 초점을 맞추고 있다. 그래서 성공과 점점 더 멀어질 수밖에 없다. 성공에 집착하여, 더욱 더 열심히, 노력하고, 자신을 혹사시켜도, 성공할 수 없는 것이다. 성공의 비결은 자신의 외부가 아닌 내부에 이미 숨겨져 있기 때문이다. 그리고 그것은 바로 자신의 강점이다.

나와 다를 수밖에 없는 다른 사람들이 목표를 가지고, 꿈을 간절히 꾸며, 열정을 품고, 노력하여 성공했다고, 나도 그들처럼 똑같이 하면 성공할 수 있다고 생각해서는 안 된다. 어떤 사람은 이렇게 해서, 이러한 방법으로 큰 성공을 했다는 예를 보여주는 것에 불과하지만, 독자들이 '저 사람은 저렇게 해서 성공했구나, 그렇다면 나도 저렇게 하면 성공하겠지' 라는 막연한 생각을 가지게 되면, 절대 안 된다.

저 사람은 나와 재능이 다르고, 생각이 다르고, 강점이 다르고 환경이 다르고, 성격이 다르기 때문이다. 그렇기 때문에, 자신에게 가장 맞는 자신만의 길을 발견하고, 그것에 집중하는 것이 매우 중요하다. 그래서 그것이 최고의 성공 전략인 것이다. 우리는 단순하게, 생각을 바꾸고, 태도를 바꾸고, 말을 바꾸면 인생이 달라져서, 성공적인 삶을 살아 갈 수 있다고 생각하고 있지만, 이것은 어떤 측면에서는 맞는 말이지만, 또 어떤 측면에서는 오류가 있는 말이기도 하다.

사람의 생각이나 태도나 말은 바로 그 사람이 어떠한 사람이냐에 따라서, 다르게 나오는 결과물이기 때문이다. 즉 호랑이는 호랑이와 같은 생각과 말과 태도와 삶을 밖으로 표출해 내는 것이고, 고양이는 고양이에게 맞는 생각과 태도를 형성하여, 그렇게 살아가는 것이기 때문이다. 그래서 생각과 행동과 말은 결국 자신이 어떤 사람이냐에 따라서, 그것에 부합하여 만들어지는 것에 불과한 결과물이라는 것이다.

고양이가 생각을 바꾸고, 태도를 바꾸고, 말을 바꾼다고 호랑이가 되는 것은 아니듯, 결과물인 생각과 태도와 말을 바꾼다고 그 주체인 사람이 바뀌는 것은 절대 아니라는 사실을 우리는 명심해야 한다. 그 사람 자체를 먼저 바꾸면, 그 사람의 변화 정도에 따라, 그 사람의 생각과 태도와 말이 자연스럽게 바뀌게 된다.

그래서 말하고자 하는 '자신을 경영하라' 라는 주제의 요체는 독특함을 갈망하라는 것이다. 독특함은 자기 경영을 통한 변화를 통해 이룰 수 있는 것이기 때문이다.

자신을 먼저 변화시키고, 바뀌기 위한 전략으로 자신의 강점에 집중하라고 말하고 있는 것이다. 자신이 고양이와 같은 수준의 사람이라면, 먼저 호랑이와 같은 수준의 사람으로 자신을 변화시키고, 성장시키는 것이 우선이라는 것이다.

고양이 같은 수준의 인간이면서, 자신을 성장시키는 데에 소홀하면서, 생각과 태도와 말만을 호랑이 같이 흉내 내고, 바꾸려고 하는 것은 아무 도움도 되지 않고, 오히려 자신에게 실망감만을 안겨다 줄 수 있다.

이 책에서 말하는 '자신을 경영하라' 는 것은 또 다른 측면의 '생존 전략' 이라고 말 할 수 있다. 왜냐하면, 호랑이는 호랑이에게 가장 적합한 삶 즉 사냥을 하여, 먹고 살아야 한다. 호랑이의 강점은 사냥을 하는 것이고, 그런 까닭에 호랑이는 사냥을 잘 하는 것에 집중하여, 이런 특성을 자꾸 발전시켜 나가는 호랑이가 성공적인 삶을 영위하며 생존해 나갈 수 있는 현명한 호랑이이기 때문이다.

하지만 강아지의 경우는 강점이 사냥이 아니라, 주인에 대한 충성심과 사랑을 받을 수 있는 귀여움과 사랑스러움이다. 강아지는 주인의 사랑을 많이 받을수록 성공적인 강아지의 인생을 살아 갈 수 있는 것이다.

그런데 강아지는 호랑이의 성공 법칙과 멋진 삶을 보고, 자신도 사냥 연습을 하고, 어떻게 하면 사냥을 잘 할 수 있는지에 대해 고민하고, 그것에 집중하는 삶을 산다면, 멀지 않아 주인에게 버림받게 될 지도 모른다.

즉 자신을 경영한다는 것은 자신의 강점이 무엇인지 발견하여, 그 강점을 키운다는 것을 의미하며, 그것은 바로 생존 전략이기도 하며 동시에 독특함에 이르는 길이기도 하다.

### 3. 독특함이란 멀리 있는 것도, 어려운 것도 아니다.

독특함이란 그렇게 멀리 있는 것도, 어려운 것도 아니다. 하지만, 그렇다고 누구나 다 할 수 있는 그렇게 만만한 것도 아니다. 자신의 강점이 무엇인지 발견도 하지 않은 채, 자신에 대한 성찰도 없이, 그냥 타인의 성공과 삶에 매료되어, 그들이 했던 방식대로, 즉 열정을 품어서 성공했다는 그들의 방식대로, 무조건 열정을 품는다고, 그들처럼 성공할 수 있는 것은 아니다. 그리고 무엇보다 성공한다고 해서 그것이 독특함을 이루었다는 것을 의미하지도 않는 다.

마찬가지로 꿈이 없던 사람이 단순히 타인이 갔던 그 길을 따라, 꿈을 꾸고, 목표를 설립한다고만 해서, 그 사람이 성공을 할 수 있는 것은 절대 아니다.

물론 이 세상에는 아무런 재능도 없이, 오직 열정 하나만으로 큰 성공을 하는 사람도 있고, 누구는 꾸준함과 근면함만으로 큰 성공을 하는 사람도 있고, 또 누구는 큰 꿈을 꾸었기 때문에 큰 성공을 하는 사람도 있다.

하지만 그것은 어디까지나 그 사람의 이야기라는 점을 우리는 명심해야 한다. 그 사람의 강점과 재능은 우리와 다르며, 또한 나의 강점과 재능은 당신과 다르다. 그 사람의 강점이 바로 그것이거나, 그것과 매우 밀접한 관련이 있는 것이기에, 그들에게 성공이 가능했다는 사실을 우리는 깨달아야 한다.

꿈을 꾸고, 목표를 시각화하여 성공한 사람이 있다고 해서, 꿈과 목표와 시각화가 성공의 근본 원인이고, 만인에게도 적용 가능한 성공의 조건이라고 결론 짓는 것은 마치 나뭇가지가 흔들리면, 바람이 많이 부는 것을 보고, 바람의 원인을 나뭇가지의 흔들림이라고 규정하는 것과 다를 바 없는 것이다.

나뭇가지가 흔들리는 것은 바람이 불었기 때문이듯,

꿈과 목표와 시각화는 성공의 원인이 아니라, 성공의 길을 가기 위해 자연스럽게 지나가야 하는 중간 과정에서 자연스럽게 밖으로 표출되어 나오는 그러한 부산물에 불과한 것일 수도 있다는 사실을 우리는 이제 한번쯤 생각해야 한다.

이와 마찬가지로, 성공한 사람들을 잘 관찰해 보면, 그 주변에 사람들이 많다는 사실을 알 수 있다. 그래서 수많은 책들은 사람을 먼저 얻고, 인간관계를 좋게 만들면, 성공할 수 있다고 주장한다. 하지만 이것보다 더 중요한 사실은 자신의 주변에 사람들이 모여들 만큼, 자신의 인격과 성품을 갈고 닦고, 어떠한 유혹에도 진실 된 사람이 될 수 있을 정도로 자신을 성장시키는 것이 먼저라는 것이다.

무엇보다 노래 잘하는 사람은 노래 하나만 잘하면, 사람이 모여 든다. 이야기 잘하는 사람은 이야기 하나만 잘하면 사람이 모여 든다는 사실을 우리는 알아야 한다. 노래하는 사람이 자신의 강점인 노래 실력을 쌓지 않고, 인간관계에만 치중하여, 인맥만 넓히면서 세월을 보낸다면, 정작 중요한 순간에 준비되지 않은 실력으로 인해, 성공의 기회를 놓치게 될 수 있다는 점을 명심해야 할 것이다.

그래서 우리에게 필요한 것은 타인의 성공 법칙들이 아니라, 바로 자신의 강점을 발견하고, 그것을 키우는 자기 경영인 것이다. 이것이 자기 경영 즉 강점에 집중해야 하는 이유이다.

빌 게이츠가 마케팅 분야를 선택하여, 십 년 이상 그 일에 미친다고 세계 최고의 마케팅 전문가가 될 수는 없을 것이다. 워렌 버핏이 기업의 CEO로 기업 경영에 열과 성을 다 쏟아 부으면서, 십 년 이상 그 분야에 미친다고 해서, 스티브 잡스와 같은 창조적 경영자가 될 수는 없을 것이다.

스티브 잡스가 그 불굴의 의지로 물리학 분야에서 연구를 하는 것에 미쳐서, 십 년 이상, 아니 평생 연구를 하는 것에 미친다고 해서, 아인슈타인과 같은 천재 물리학자가 되거나, 노벨상을 수상할 수 는 없을 것이라는 사실을 우리는 분명히 알고 있다.

이처럼 단순히 자신이 하고 있는 일에 무조건 열과 성을 다해, 미치는 것만으로는 세계 최고가 되기에 부족한 점이 있다. 햇빛도 한 점에 모이면, 종이를 태우고, 불을 낼 수 있듯이, 우리에게 필요한 것은 선택과 집중이다. 햇빛이 종이를 태울 수 있었던 것은 무조건 열과 성을 내고, 열심히 노력했기 때문이 아니라, 한 점에 집중했기 때문이다.

바로 우리도 이와 같다. 한 가지의 일에 집중할 때, 우리는 큰일을 해 낼 수 있다. 그리고 그 한 가지의 일이 자신의 고유한 자신만의 강점과 일치할 때, 우리는 남들이 도저히 해 내지 못 한 일까지도 해 낼 수 있다.

낙숫물이 바위를 뚫을 수 있는 이유는 물의 강점인 끈기에 집중하였기 때문이라고 할 수 있다. 포기를 모르는 끈기가 낙숫물의 최대의 강점인 것이다. 하지만 그것보다 더 중요한 사실이 있다. 아무리 끈기를 모르는 낙숫물이라도, 여기도 떨어졌다가, 또 저기도 떨어졌다가 한다면, 절대 바위를 뚫을 수 없을 것이라는 사실이다. 문제는 한 점에 집중하는 것이다.

인간도 마찬가지이다. 한 가지 일에 집중하는 것이 가장 중요하다. 하지만 이 한 가지 일이 자신의 강점과 일치할 때, 집중력은 배가된다. 하지만 자신의 적성이나 강점과 일치하지 않으면, 아무리 집중을 하려고 해도, 한계에 부딪히게 된다. 그래서 강점을 발견하는 것이 그렇게도 중요한 것이라고 나는 생각하는 것이다.

## 4. 독특함에 집중해야 하는 이유.

우리 자신을 최고가 되게 하고, 최고의 인생을 살아갈 수 있게 해 주는 성공의 비결은 바로 강점 중심의 자기 경영이다. 그리고 이것은 바로 독특함에 집중해야 비로소 가능하게 되는 것이다. 그런 점에서 독특함에 집중하는 것이 곧 자신을 최고가 되게 하는 길이다.

이러한 주장을 뒷받침하는 근거 중 하나는 인간의 재능과 강점에 관하여, 200명 이상을 인터뷰하고 연구해 온 마커스 버킹엄 박사의 주장이다. 그는 자신의 연구 결과를 한 권의 책으로 만들었는데, 그 책에서 그는 다음과 같은 결론을 내렸다.

"큰 성공을 거둔 사람들과 조직은 모두 '약점'이 아닌 '강점'에 집중하여, 그것을 극대화시키고, 최대한 활용한 사람들과 조직이었다."

즉 최고가 되고 싶다면, 자신의 강점에 집중하는 것이 가장 최고의 방법이라는 것이다. 반대로 그저 평균에 머물고 싶다면, 자신의 약점에 집중하여, 그것을 보완해 나가면서 살면 되는 것이다.

중요한 사실은 자신이 무엇에 집중할 것인가는 자신의 선택이지만, 그 결과는 매우 큰 차이가 발생한다는 사실이다. 강점경영을 위주로 한 자기 경영을 할 때, 비로소 경쟁력 있는 자신과 기업이 될 수 있다.

하지만 타인과의 경쟁에서 이기는 것보다 더욱 더 중요한 것은 자신과의 경쟁에서 승리하는 것이다. 이러한 사실을 노자는 다음과 같이 말했다. “ 다른 사람을 아는 것은 현명하다. 그러나 자기 자신을 아는 사람이 더욱 현명한 사람이다. 다른 사람을 이기는 사람은 강하다. 그러나 자기 자신을 이기는 사람은 더욱 강하다.” 라고 말이다.

강점에 집중해야 성공할 수 있는 또 다른 이유가 바로 이것이다. 자기 자신을 이겨 낼 수 있는 가장 확실한 방법이기 때문이다. 그것은 자신의 약점을 보완하는 방법 대신에, 자신의 강점을 더욱 강하게 하여, 자신의 강점이 가장 크게 발휘될 수 있도록 강점에 집중하는 것이다.

‘10년의 법칙’ 을 주장한 심리학자 앤더스 에릭슨의 표현을 빌리자면, 무슨 일이든 10년을 하면 그 분야의 전문가가 될 수 있다고 한다. 하지만 자신의 약점인 분야에서 10년을 하게 되면, 어떻게 될까? 아마 평균 이상 수

준을 겨우 넘겨서, 먹고 살 정도는 될 수 있겠지만, 그 이상은 되기 힘들 것이다.

반대로 자시의 강점인 분야에서 10년을 한 경우, 그 사람은 어떻게 될 까? 아마 세계 최고 수준의 대가가 될 수 있을 것이다. 다시 말해, 10년 동안 한 분야를 하는 경우, 자신의 강점인 분야를 선택해서 하는 사람과 반대로 약점인 분야를 선택해서 하는 사람은 그 결과가 극과 극이라는 점이다.

노래를 천성적으로 잘하지 못 하고, 음색이 좋지 못 하고, 호흡이 짧고, 리듬감이 없는 사람이 아무리 10년을 투자하여, 1만 시간 이상을 노력 한다 해도 이런 사람은 세계 최고의 가수나 성악가가 되기 힘들 것이다.

노래를 천성적으로 잘하고, 음색도 타고 났고, 리듬감도 있고, 호흡도 긴 사람이 똑같이 10년을 투자하여, 1만 시간 이상을 노력 하며, 노래 연습을 했을 경우, 전자보다 훨씬 더 세계적인 가수가 될 확률이 높을 것이라고 나는 생각한다. 자신이 무엇을 잘 할 수 있는 지를 잘 파악하고, 발견한 후 그 분야에 모든 에너지와 힘을 쏟아 부을 때, 승산이 있는 것이다.

1만 시간의 법칙도 역시, 자신의 강점을 발견하고, 그것에 집중하는 것과 일치될 때, 더욱 더 맞아 떨어지는 법칙이라고 할 수 있으며, 이 법칙 말고도 다른 많은 성공의 법칙들이 이와 동일한 성격을 가지고 있다는 점을 명심하자.

자신의 강점에 집중해야 하는 이유 중에 하나는 강점을 발견하고, 그것에 집중하며, 그것을 발휘하며 사는 사람은 인생이 즐거울 수밖에 없다. 그로 인해 그 사람은 행복할 수밖에 없다. 왜냐하면 자신의 강점을 발견한 사람은 누구보다 그 분야에서 그리고 그 방법에서 최고가 될 확률이 높기 때문이며, 그 결과보다 더 중요한 사실은 강점을 발견하고, 집중하는 과정에서 자신을 넘어서는 희열을 맛 볼 수 있게 된다.

그것뿐만이 아니라, 자기 자신도 몰랐던 자신의 새로운 멋진 모습을 발견하게 되어, 강점에 집중하면 할수록,

자신에 대한 자긍심이 높아지게 된다. 그것은 오롯이 자신감이 되고, 그러한 자신감은 어떠한 실패와 시련에도 흔들리지 않는 다. 그 결과 그러한 사람들은 아무리 많은 실패와 시련 앞에서도, 또 다시 도전할 수 있다. 결코 포기를 모르는 사람이 되는 것이다. 이것은 그 사람이 열정이 높기 때문에 그런 것이 아니다.

오직 자신에 대한 신뢰가 강점 경영을 통해 형성이 되었기 때문이다. 그 결과 강점 경영을 하는 사람은 그렇지 않는 사람에 비해, 훨씬 더 자신감이 충만하며, 자기암시가 강할 수밖에 없다. 이러한 것들은 성공으로 가는 길목에서 자연스럽게 표출되어 나오는 현상들에 불과하다. 하지만 수많은 자기계발서들은 이러한 것들이 마치 성공으로 가는 길의 근원이며, 출발점인 것처럼 말하고 있다. 그것은 잘못이다.

그러한 것들은 성공할 수밖에 없는 사람들, 즉 자신을 성장시키고 발전시켜서, 준비를 다 갖춰 놓은 사람들이 성공으로 가는 길목에서 자연스럽게 표출되는 현상에 불과하기 때문이다. 이러한 자신감과 자기 확신 또한 강점경영이 우리에게 선사하는 유익 중에 하나라고 할 수 있다.

다시 말해, 자신의 강점에 집중하는 사람은 그렇지 못 한 사람보다 훨씬 더 행복한 삶을 발견할 수 있다. 이러한 사실을 잘 말해주고 있는 사람이 바로 프로이트 이후 심리학계에서 가장 주목 받고 있는 '긍정심리학'의 창시자인 마틴 셀리그만이다. 그는 진정한 행복을 발견할 수 있는 비밀에 대해 다음과 같이 말했다.

"행복은 좋은 유전자나 행운을 타고난 결과가 아니고 자신의 노력으로 만들어지는 것이며, 자신의 강점과 미덕을 찾아서 발휘하는 삶이야말로 '진정한 행복'으로 가는 지름길이다."

그의 주장대로, 자신의 강점과 미덕을 찾아서 발휘하는 삶은 행복하게 사는 삶이 될 뿐만 아니라, 여기에 하나가 더 추가되어, 성공적인 삶을 살아 갈 수 있는 삶이 된다.

자신의 강점, 즉 독특함에 집중해야 하는 이유 중에 하나는 자신의 강점이 강한 분야일수록 우리는 생생하게 이미지화할 수 있기 때문이다. 우리가 머릿속에서 생생하게 이미지화할수록, 그것은 우리의 미래가 될 확률이 높다. 하지만 우리가 강점이 없는 분야일수록, 아무리 머릿속으로 이미지화 하려고 노력을 해도, 이미지화가 안된다는 사실 때문에, 우리는 강점을 발견하고, 그것에 집중해야 하는 것이다.

새로운 꿈을 향해, 새로운 도전을 시작한 남자 A는 작가가 되기 위해, 어떠한 세미나나, 어떠한 타인의 도움을 받지 않았다. 하지만 작가로서의 삶이 눈앞에 확실하게 그려졌던 것이다. 그것은 누군가에게서 배워서 그렇게 된 것이 아니었다. 갑자기 도서관에서 책을 읽고 있었는데, 글을 쓰고자 하는 내면의 거부할 수 없는 욕구가 폭발하듯 뿜어져 나왔다고 한다. 그리고 그 날 이후로 그는 한 달에 세 권 분량의 책이 되고도 남는 엄청난 분량의 글을 쓰고 있다고 한다.

5. 독특함에 집중해 성공한 사례.

자신의 독특함에 집중하지 않고, 무작정 타인이 어떤 분야에서 큰 성공을 거두고 돈을 번 것을 보고, 자신도 그와 같은 성공을 하기 위해 그 분야에 뛰어 든다면, 매우 어리석은 행동일 수밖에 없다. 그 사람은 그 사람의 강점이 그 분야이기 때문에 성공을 할 수 있었기 때문이라는 사실을 몰랐던 것이다.

다른 사람이 그 성공한 사람을 그대로 벤치마킹 한다고 해도 성공하지 못 하는 이유가 이것이다. 우리의 성공은 눈에 보이는 표면적인 것들보다 보이지 않는 것들에 더 큰 영향을 받는 다. 그렇기 때문에, 그 분야에 강점이 있는 사람을 아무리 따라 하려고 해도, 눈에 보이지 않는 것들까지 따라 할 수 없다.

뿐만 아니라, 현대 경영학의 창시자로 평가 받고 있는 피터 드러커 박사는 자신의 저서 [자기경영노트(원제:The Effective Executive)]에서 강점을 잘 활용하는 조직이 강한 조직이 된다는 점을 잘 말해 주고 있다. 이 책에서 피터 드러커 박사가 소개 해준 이야기를 좀 더 간단하게 요약을 하면 이렇다.

링컨 대통령은 북군의 장군들 가운데, 유독 그랜트만이 항상 전략계획을 제대로 세웠고 승리를 안겨주는 사실을 알게 되었다. 그리고 그것보다 더 중요한 사실을 하나 깨달았는데 그것은 단점이 없는 사람보다 단점이 있다고 해도 자신의 전문분야에서 강점을 발휘하는 사람이 더 임무를 잘 완수해 낼 수 있다는 사실이었다.

그래서 링컨 대통령은 그랜트를 장군으로 지명할 수 있었고, 그랜트를 지명한 링컨의 작전이 성공한 이유는 그가 전쟁터에서 검증된 장군의 능력, 즉 강점을 높이 샀기 때문이다. 다시 말해 술을 안 마신다는 사실, 즉 단점이 없다는 것을 판단의 기준으로 삼지 않았기 때문이다.

그러나 링컨은 그 점을 어렵게 깨달았다. 링컨은 그랜트를 임명하기 전에, 별다른 단점이 없다는 기준으로 3~4명의 장군을 잇달아 임명했었던 것이다. 강점에 집중하지 않고 단점에 집중하여 장군을 임명했던 것이다.

그 결과 북군은 병력과 병참 면에서 월등히 우세했음에도 불구하고, 1861~64년까지 전황을 유리하게 이끌지 못했다. 이와는 아주 대조적으로, 남군 사령관 로버트 리는 강점을 근거로 부하 장군들을 선발했다.

스톤월 잭슨 장군을 비롯해 리 사령관은 그러한 단점은 전쟁과는 아무 관계가 없다고 - 올바르게 - 판단했다. 반면에 리 사령관 휘하의 장군들은 각기 한 가지 분야에서는 명실공히 강점을 지니고 있었다. 리 장군이 목표를 달성하기 위해 활용한 것은 그 강점이었으며, 거듭 말하거니와 오직 그 한 가지 강점이었다. 이것이 바로 단점이 아닌 강점에 집중해야 하는 이유인 것이다.

그 결과 링컨이 선발한 '무난한' 장군들은 리 사령관 휘하의 '한 가지 목적에만 쓰이는 도구', 다시 말해 한정된 분야에서이지만 매우 강력한 능력을 지닌 장군들에게 거듭 패퇴했던 것이다."

이 이야기를 통해 전쟁에서 승리하기 위해, 장군을 뽑을 때, 그들의 무난한 점을 보아서는 안 되고, 오직 강점이 무엇이고, 어떤 강점을 가지고 있느냐에 따라서 뽑아야 한다는 사실을 우리는 알 수 있다. 남군 사령관 로버트 리와 링컨에 관한 이 이야기는 사람의 강점에 초점을 맞추어 강점을 잘 활용할 때의 진정한 효과와 위력이 무엇인지를 잘 말해 주고 있다.

심지어 남군 사령관 로버트 리의 휘하 장군들 가운데 한 사람은 군대의 명령조차도 잘 무시할 정도로 형편없는 사람이었지만, 사령관 로버트 리는 그를 해임시키지 않았다. 왜냐하면 그는 여전히 전쟁에서 이기고 있기 때문이다.

사람의 약점이 아닌 강점에 초점을 맞추는 이러한 전략은 바로 우리 개인의 생존 전략에 그대로 적용 가능한 전략이다. 우리는 우리의 약점을 보완하여, 무난한 사람이 되려고 노력하게 되면, 결코 그 이상이 될 수 없다. 하지만 강점에 집중하여, 그 강점을 더욱 더 잘 하려고 노력할 때, 최고가 될 수 있다.

그래서 전쟁에서든, 회사에서든, 사회에서든, 학교

에서든 승리할 수 있는 것이다. 안타깝게도, 수많은 자기 계발의 방법으로 우리는 지금까지 약점을 보완하여, 무난한 사람이 되는 방법을 선택해 왔다.

자신의 강점에 집중할 때, 무엇보다 우리는 그 분야에서 탁월함에 이를 수 있다. 그리고 그 분야에서 최고가 될 수 있다. 하지만 타인의 강점에 집중하여, 타인이 성공했던 그 방법을 따라 하게 되면, 평균 이상도 힘들다. 왜냐하면 그 사람의 강점이 나의 강점과 다르기 때문이다. 즉 우리 모두는 다 각각 다르기 때문이다.

노래를 잘하는 사람이라고 해도, 다 각각 창법이 다르고, 목소리 톤이 다르고, 음색이 다르고, 호흡법이 다르고, 분위기가 다르다. 그래서 노래를 아무리 잘하고 싶어도, 다른 사람을 모방하는 사람은 결코 위대한 가수가 될 수 없는 것이다. 타인의 좋은 방법을 참고하여, 자신만의 방법과 노래를 발견해 내는 사람만이 진정한 가수가 될 수 있는 것이라고 나는 생각한다.

이런 점에서 우리가 무엇을 하든, 가장 필요한 것은

타인의 성공의 법칙이 아니라, 바로 우리 각자의 저마다의 성공 법칙, 즉 강점을 발견하고, 그것에 집중하여, 그것을 극대화하는 것이라고 나는 생각한다. 약점이 아닌 강점에 초점을 맞추게 되면, 가장 높은 성과를 올릴 수 있게 된다. 그래서 가장 높은 성과를 올리는 최고의 비결은 강점에 집중하는 자기경영이라고 생각한다.

### 6. 독특함은 저절로 강해지지 않는 다.

우리가 강점, 즉 독특함에 집중하여야 하는 또 다른 이유는 강점은 저절로 강해지는 것이 아니기 때문이다. 즉 어떤 분야에 강점이 있는 사람들은 그 분야와 관련된 훈련을 통해 어떤 다른 사람들보다도 더 큰 성과와 향상을 가져온다. 바로 그것이 강점이기 때문이다. 하지만 강점에 집중하지 않고, 내버려 둔다면, 그 강점은 다른 특성들 속에 묻혀서 제대로 발휘되지 못 하고 낭비하게 되고, 사장되어 버린다.

그렇기 때문에 우리는 강점을 발견해야 하고, 집중해야 한다. 약점에 아무리 집중을 해도, 그 효과는 미비하기 때문에 절대로 성공할 수 없다는 사실과 강점은 저절로 강해지지 않으며, 약점이 아닌 강점에 집중하여, 강점을 강화시킬 때, 그 능력이 극대화되기 때문에, 강점에 집중해야 최고가 될 수 있다는 사실을 잘 보여주는 연구가 있다.

네브래스카 대학은 중, 고등학교 학생들의 독서 속도를 높이기 위해, 일천 명이 넘는 학생들을 대상으로 속독훈련을 실시하고 그들의 독서 속도와 이해력의 변화를 측정하여, 그들이 속독 능력의 변화에 대해서 조사 하였다. 먼저 속독에 강점이 있는 학생들의 경우에는 그들이 훈련을 받기 전에도 1분당 350단어 정도를 평균적으로 읽어 낼 수 있었다.

하지만 놀랍게도 똑 같은 훈련을 통해 속독에 강점이 있는 학생들은 무려 그 실력이 8배 이상의 능력으로 뛰어 올랐던 것이다. 다시 말해 최고가 되었던 것이다. 1분당 350단어나 읽을 수 있던 속독에 강점이 있던 학생들은 이 훈련을 통해 무려 2,900단어나 읽을 수 있는 학생들이 되었던 것이다. 반면에 속독에 강점이 없던 일반 학생들의 경우에는 똑같은 훈련을 통해 겨우 1.5배 정도의 향상만 가져 왔던 것이다.

그것도 속독에 강점이 있던 학생들의 훈련 전 실력보다 훨씬 못하는 실력이었던 것이다. 즉 그들은 훈련 전에도 겨우 1분 동안에 90단어를 읽을 수 있었지만, 훈련 후에는 별로 나아지지 않았다. 겨우 150단어 정도를 읽을 수 있을 정도로 나아졌을 뿐이다. 하지만 이것은 평균도 되지 못하는 수준이다.

이 연구를 통해 우리가 확실히 알 수 있는 사실은 약점은 아무리 노력을 해도, 평균 이상이 되기도 힘들고, 너무 많은 시간이 필요하다는 사실이다. 하지만 강점에 집중하면, 조금만 해도 누구보다 빨리, 그리고 누구보다 높게, 멀리 갈 수 있다는 점이다.

바로 이것이 우리가 약점이 아닌 강점에 집중해야 하는 또 다른 이유인 것이다. 이것뿐만 아니라, 강점 이론에 대해 맨 먼저 시작했던 바 있는 클리프턴 네브라스카 대학 교수는 인간의 강점에 집중하게 되면 얻게 되는 세 가지 혜택이 있다고 밝힌바 있다.

그 세 가지 혜택 중 하나는 사람의 약점이 아닌 강점에 집중함으로써, 새로운 시각으로 사람을 바라볼 수 있게 된다고 말했다. 이것은 마치 우리가 동전의 양면 중에 어느 한쪽에 집중하게 되면, 동전의 모양이 완전히 달라지는 것과 같은 이치이다. 똑 같은 동전이지만, 어느 쪽의 모습은 반대쪽의 모습과 전혀 다르기 때문이다.

### 7. 독특함에 집중할 때 누릴 수 있는 혜택

독특함에 집중하는 사람들만이 누릴 수 있는 혜택 중에 또 다른 하나는 평범한 사람들이 이룩할 수 있는 최고의 수준 즉 좋은 수준과 강점에 집중한 사람들이 이룩할 수 있는 최고의 수준 즉 독특함과 탁월함에 대해 분별력이 생긴다는 것이다. 즉 좋은 실력을 가진 사람들과 위대하고 탁월한 실력을 가진 사람들의 차이에 대해 알게 되고, 이해하게 된다는 것이다.

탁월함에 이르는 강점에 집중하는 사람들은 강점에 집중하기 위해, 다른 것들을 기꺼이 감수하고, 능동적으로 대처한다. 하지만 평범한 수준에서 그저 잘 하는 수준의 사람들은 다른 것들이 방해를 하게 되면, 그것을 기꺼이 감수하려고 하지 않고, 회피하려고 한다는 것이다.

그 이유는 강점에 집중하는 사람들은 강점에 집중하면 할수록 에너지와 힘이 솟아나게 된다. 그래서 어떠한 위험과 고통조차도 기꺼이 받아들일 수 있고, 이겨 낼 수 있는 힘을 내면에 가지고 있지만, 겨우 평균이상을 힘겹게 해 나가는, 그럭저럭 먹고 사는 사람들, 그저 잘 하는 수준의 사람들은 이미 자신의 강점이 아닌 약점에 집중하는 데, 자신의 에너지와 힘을 다 쓸 수밖에 없기 때문에, 자신의 에너지와 힘이 바닥이 난 상태이기 때문에, 날마다 지치고 힘들어 하는 것이다.

이런 사람들은 더 이상의 여력이 없기 때문에, 다른

위험한 상황이나 고통에 대해 대처할 수 있는 마음의 여유와 몸의 에너지와 힘이 남아 있지 않는 것이다. 그 차이로 인해, 강점에 집중하는 사람들을 더욱 더 강력해 지고, 탁월함에 이를 수 있지만, 약점에 집중하는 사람들은 더욱 더 힘겨운 삶을 살아 갈 수밖에 없는 것이다.

강점 경영을 통해 독특함에 집중하는 사람들만이 누릴 수 있는 세 번째 혜택은 누구도 가보지 못 한 탁월한 경지로 나아갈 수 있고, 탁월한 업적과 큰 성공을 성취해 낼 수 있다는 것이다.

독특함에 갈망하고 집중하는 사람만이 위대해 질 수 있다는 것이 필자의 지론이기 때문이다.

그것이 강점 분야의 직업이 아니더라도, 똑 같은 직업 전선에서 다만 자신이 잘 할 수 있는 강점 업무에 집중함으로써, 이전 보다 훨씬 나은 성과를 낼 수 있다는 사실도 [강점에 올인하라]의 저자인 도널드 O. 클리프턴과 폴라 넬슨은 우리에게 소개 하고 있다.

“ 데이비드 브라운은 1989년 당신 주식거래를 중개하는 일로 연간 50만 달러를 벌었습니다. 그는 이미 미국 전체 증권 중개인 중 상위 1 % 고소득자에 속했습니다.

그런데 데이비드는 중개업무 이외의 일(서류 정리, 보고서 작성 등)로 전체 근무시간의 30%를 쓰고 있었습니다. 만약 데이비드가 근무시간의 100%를 자신의 강점(고객을 만나는 일)에 투자했더라면 더 높은 소득을 얻었을 것입니다.

데이비드는 강점이론을 익힌 후 자신은 고객을 만나는 일에 집중하고 나머지 일은 다른 사람에게 맡기기로 했습니다. 그 이후 데이비드의 소득은 연간 75만 달러를 넘었습니다. “

< [강점에 올인하라] 중에서>

이러한 사례는 아무리 잘 사용해도 한계가 있는 시간경영의 한계점을 또한 잘 나타내 주고 있다. 왜냐하면, 자신의 강점에 집중할 때, 훨씬 더 큰 성과를 얻게 되기 때문이다. 자신의 강점에 집중하지 않고, 다른 것에 집중

하게 되면, 아무리 열심히 하고, 아무리 시간을 잘 관리한다 해도 한계가 있다. 그렇기 때문에, 강점에 집중하는 것이 자기 경영의 핵심이어야 하며, 성공의 비결인 것이다.

8. 새가 날개에 집중하지 않는다면?

탈무드에는 너무나 방대한 이야기들이 실려 있다. 거의 모든 분야를 다루고 있다고 해도 과언이 아니다. 여기에는 짤막한 토막이야기들도 많이 실려 있는 데, 그 중에서 새에 관한 이야기가 나온다. 하나님께서 천지를 창조하실 때에는 새에게도 날개가 없었다고 한다. 즉 날개는 동물들에게 허락하지 않았다는 것이다. 하지만 적으로부터 자신을 지킬 수 있는 방법이 없는 새들은 이러한 고충을 하나님께 찾아가서 이야기 했다.

" 사자는 날카로운 이빨을 갖고 있습니다. 그래서 적이 없습니다. 말은 튼튼한 다리가 있습니다. 그래서 어떤 적보다 빨리 달릴 수 있습니다. 뱀은 날카로운 이빨도, 튼튼한 다리도 없지만, 이들이 갖고 있지 않는 독을 가지고 있습니다. 그래서 어떤 상대라도 쉽게 뱀을 상대할 수 없습니다. 그러나 저희에게는 아무 것도 없습니다. 어떻게 우리들을 지킬 수 있겠습니까?”

하나님은 새들을 불쌍히 여겨서, 그들의 고충을 들어주었고, 깃과 날개를 달아 주었다. 하지만 그러한 일이 있은 지 얼마 되지 않아, 새들은 다시 찾아와 고충을 호소했다.

“ 날개는 우리 몸에 비해 훨씬 더 무거워, 짐만 될 뿐입니다. 이렇게 큰 날개를 몸에 달고 있으니 이전처럼 빨리 달릴 수가 없습니다.”

하나님께서는 새들에게 날개에 집중할 수 있는 방법을 비로소 가르쳐 주셨다.

“ 네 몸에 내가 달아준 날개는 그냥 몸에 부착하기 위해 달아 준 것이 아니니라. 그것에 왜 집중하지 않고,

그것을 거추장스러운 것이라고만 생각하느냐? 날개를 하나를 준 것이 아니니라. 두 개를 달아 주었다. 그것은 그것을 짊어지고 걸으라고 준 것이 아니라, 그 두 날개를 활용하여, 하늘 높이 날아오르라고 준 것이니라, 그렇게 되면 아무리 날카로운 이빨을 가진 사자도 너희들을 잡지 못 할 것이며, 아무리 튼튼한 다리를 가지고 있는 말들도 너희들을 쫓아가지 못 할 것이며, 독을 가진 뱀들도 더 이상 무서워할 필요가 없을 것이다. “

이 이야기처럼, 우리가 만약에 하늘을 마음껏 날아오를 수 있는 두 날개가 있는 데도, 그것에 제대로 집중하지 못 하고, 활용하지 못 하고, 다른 것에 집중하게 된다면, 결코 최고가 될 수 없으며, 제대로 자신의 삶을 실현시킬 수 없게 된다.

생각해 보라. 우리가 날개가 있으면서도 날개에 집중하지 않고, 달리는 것에만 집중한다면, 과연 최고가 될 수 있을 까? 절대 될 수 없다는 것을 우리는 확실히 명심해야 한다. 왜냐 하면 동일한 노력과 열정, 실력을 가지고 있다 해도, 어디에 집중하느냐에 따라서 결과가 확연하게 달라질 수 있기 때문이다.

이런 점에서 강점 경영을 해야만 하는 것이다. 강점 경영을 통한 자기 경영을 하지 않는 사람은 너무나 큰 인생의 기회와 강점들을 아깝게 낭비하는 것과 별반 다를 것이 없기 때문이다.

9. 독특함은 자신을 날게 하는 비결이다.

일만 시간의 법칙은 어떤 점에는 매우 좋은 성공 법칙이지만, 어떤 면에서는 절대적으로 좋은 성공 법칙이라고 해서는 안 된다고 나는 생각한다. 자신의 강점과 부합되지 않는 분야에서 아무리 일만 시간과 같이 많은 시간의 노력을 하고, 10년 이상 피나는 훈련을 한다해도, 그 사람은 대성할 확률이 매우 적을 수밖에 없다고 나는 생각하기 때문이다.

물론 비슷한 재능을 가진 사람들이 6000시간 연습한 그룹과 8000시간 연습한 그룹과 10000시간 연습한 그룹 사이에 실력의 차이가 발생한다는 점에서는 매우 통찰력이 있는 성공 법칙이라고 생각할 수 있다.

강점에 집중하면 세계 최고가 될 수 있다. 그 길은 자신만이 스스로 개척한 길이기 때문에, 피 튀기는 레드오션이 아니고, 모두 다 승자가 될 수 있는 블루오션으로 가는 길이다. 자신의 강점에 집중함으로써, 세계 최고가 된 사람들이 적지 않다.

그 중에 가장 대표적인 인물이 바로 폴 포츠Paul Potts이다. 그는 평범한 핸드폰 세일즈맨으로 생계를 꾸려나가며 살아가는 평범한 사람에 불과했다. 그가 만약에 수많은 세일즈 책을 읽고, 영업하는 법을 배워서, 타인의 성공 법칙을 따라 하며, 핸드폰 판매에 각고의 노력을 기울였다면,

즉 다시 말해, 그가 휴대폰 세일즈에 피나는 노력과 훈련을 하고, 일만 시간의 법칙을 준수 했다면, 과연 그 분야에서 최고가 될 수 있었을 까?

절대적으로 그것은 불가능했을 것이라고 생각한다.

세일즈는 사람을 상대해야 하는 분야이고, 수줍음이 없어야 한다. 그리고 사람의 마음을 잘 사로잡을 수 있는 외모와 언변과 좋은 인상이 있어야 한다. 하지만 폴 포츠는 이런 세일즈맨의 조건들 중에 어느 것 하나도 갖추고 있지 못 한 사람이다.

못 생긴 외모에, 혐오감을 줄 수 있는 이빨, 그리고 타고난 수줍음, 그리고 별로 좋지 못 한 언변, 그리고 사람의 마음을 사로잡을 만큼 상대방의 의중을 꿰뚫어 볼 만한 혜안도 가지고 있지 않는 것처럼 보인다. 하지만 그는 결국 세계 최고가 될 수 있었다. 그가 그럼에도 불구하고 세계 최고가 될 수 있었던 방법은 바로 자신의 강점인 좋은 목소리를 최대한 활용하여, 오페라 가수가 되는 길을 선택하는 방법이었다.

그는 못 생긴 외모 때문에 어렸을 때부터 왕따를 당했고, 설상가상으로 교통사고와 종양이라는 악재도 겹쳤다. 하지만 그는 끝까지 자신의 강점을 포기 하지 않았고, 강점에 집중하였던 것이다.

그는 탁월한 재능을 가진 사람들을 발굴해서 스타로 만들어주는 영국의 ‘브리튼즈 갓 탤런트(Britain’s Got Talent)’ 라는 프로그램에 참여를 했다. 그가 못생긴 외모로 무대에 오르자, 아무것도 기대하지 않은 심사위원 중 한 명은 말했다.

“ 무슨 일을 하시나요? 폴 “

“ 휴대폰 세일즈를 하고 있습니다.”

“ 그렇군요. 음. …… 폴,
오늘 무엇을 준비해 오셨죠? “

“ 오페라를 부르려고요 “

언제나 자신감이 부족했던 그는, 무대 위에서도 어김없이 자신감 없는 표정과 힘없는 목소리로 대답을 했던 것이다. 그 순간 심사위원들은 서로의 얼굴을 쳐다보았다. 마치 ‘과연 저 볼품없는 휴대폰 판매원이 무슨 오페라를 부른다 말인가?’ 라는 말을 주고받기라도 하는 듯 말이다. 전주가 시작되자, 독설과 혹평으로 참가자의 눈물을 쏙 빼놓는 것이 취미이자 특기인 유명한 냉소적인 심사위원인 사이먼 코웰은 심지어, 턱에 손을 받쳐 들고, 무성의하게 듣는 태도를 보였다.

하지만 한 소절도 채 지나기 전에 이들의 냉소적인 태도는 곧 우호적인 태도로 바뀌고, 관중들은 노래가 끝나기도 전에 우레와 같은 박수 소리를 내며, 열광을 하며, 전원이 모두 기립을 했던 것이다. 폴 포츠가 부른 노래는 푸치니(Puccini)의 오페라 <투란도트> 중에서 '공주는 잠 못 이루고(Nessun dorma)' 였다.

영국의 브리스톨에서 태어난 그는 결국 자신의 강점인 좋은 목소리에 집중한 결과, 세계 최고의 성악가가 될 수 있었던 것이다. 이처럼 우리를 최고로 만드는 것은 자신의 약점을 보완하거나, 타인의 성공 법칙을 따라 하는 것이 아닌, 자신의 강점에 집중하는 것이다.

폴 포츠가 자신의 강점에 집중하는 것을 포기했다면, 삶의 무게로 인해, 집중력을 잃게 되었다면, 그에게 주어질 놀라운 영광과 성공은 물거품처럼 사라졌을 것이다.

자신의 강점에 끝까지 집중하고, 그것에서 눈을 떼지 말라. 그것이 독특함에 이르는 핵심이다. 독특함만이 자신을 날게 해 줄 수 있다. 그것만이 최고의 삶을 살아가는 방법이다.

episode _독특함의 대가를 직접 만나라 I.

－독특함의 대가 I － 아인슈타인.

“ 성공한 사람이 되려 하지 말고 가치 있는 사람이 되려고 하라.”

“ 상상력이 지식보다 더 중요하다.”

20세기의 최고의 과학자로 평가 받고 있는 아인슈타인은 누가 뭐래도 자기의 강점을 일찍이 발견하여, 그것에만 집중한 결과 위대한 과학자가 될 수 있었던 자기경영의 대가임에 틀림없다. 왜냐하면 그의 어린 시절을 살펴보면, 그가 얼마나 평균적인 수준에도 못 미쳤던 저능아였음을 우리는 알 수 있기 때문이다.

먼저 그는 네 살이 될 때까지 말도 제대로 하지 못 한 저능아였다. 만약에 한국의 부모들이라면, 그저 남들이 하는 만큼인 평균만 하자는 생각으로 말을 가르치는 데 집중했을 지도 모른다. 하지만 아인슈타인의 부모는 그렇게 하지 않았다. 왜냐하면, 아인슈타인에게는 그 만의 강점이 있다는 사실을 믿었기 때문이다.

학교에 입학을 시켜, 공부를 시켰지만, 아인슈타인은 불행하게도 낙제생이 될 수밖에 없었다. 왜냐하면, 말도 제대로 못 했던 저능아였고, 산수도 제대로 못 하는 구제불능으로 치부되었기 때문이다. 심지어 학교생활에서 조차 적응하지 못 했을 뿐만 아니라, 선생님으로부터 다음과 같은 치명적인 충고를 듣기도 했다.

" 이 학생은 지적 능력이 낮아 어떤 공부를 해도 성공할 가능성이 없음. "

선생님의 충고대로, 그는 라틴어, 지리, 역사 과목 등에서 보기 좋게 낙제를 받았고, 대학 시험에서도 떨어 졌다. 하지만 아인슈타인으로 하여금, 남과 비교하지 않고, 자신의 강점을 발견하고, 그것에만 집중할 수 있도록 도와준 사람이 있다. 바로 그의 어머니였다.

" 남과 같아지려 하면, 결코 남보다 나아질 수 없어. 너는 남과 다르기 때문에 반드시 훌륭한 사람이 될 거야."

라는 말을 어머니로부터 들은 아인슈타인은 용기를 얻고, 자신의 강점을 발견하기 시작 했던 것이다. 그가 만약에 한국 사회에 태어났었더라면, 남들처럼 대학에 들어가기 위해, 즉 낙오자가 되지 않기 위해, 국어, 영어, 수학 위주의 교육을 죽으라고 받았을 것이다. 그렇다면 과연 그가 지금처럼 20세기를 대표하는 위대한 과학자가 될 수 있었을 까? 절대로 불가능했을 것이다.

학창시절에 열등생이었고, 저능아였고, 구제 불능이라는 딱지를 달고 살았던 아인슈타인은 그럼에도 불구하고, 타인의 화려한 성공을 부러워하지 않았고, 타인의 성공 법칙을 따라 하려고도 하지 않았다. 오직 자신의 강점, 남과 다른 그것에 집중하기 위해 최선의 노력을 다했던 것이다. 그는 스위스 특허국에 처박혀 살았지만, 오히려 그것은 자신의 강점에 오롯이 집중하며, 살 수 있는 환경이 되었던 것이다.

그는 칠십 년이 넘게, 매우 평범한 삶을 살면서도, 자신의 강점인 상상하는 능력을 통해, 사고 실험이라는 자신 만의 강점을 개척했다. 그 결과 아무도 생각해 내지 못 한 상대성 이론이라는 것을 만들어 낼 수 있었던 것이다.

그는 자신의 강점 하나에만 집중했던 사람이다. 남들처럼 시야를 넓히기 위해, 세계 여러 곳을 공부 삼아 여행하지도 않았고, 남들처럼 좋은 대학교에 들어가기 위해, 재수나 삼수도 하지 않았다. 남들처럼 세계 최고의 학문을 배우기 위해, 좋은 스승을 쫓아다니지도 않았다. 하지만 그는 20세기에 가장 유명하고, 가장 영향력 있는 천재 과학자가 되었다.

아인슈타인이 자신이 강점에 집중하지 않고, 남들이 하던 대로, 좋은 대학교에 입학하여, 좋은 조건의 연구소에 연구원이 되었다면, 그가 과연 지금처럼 위대한 과학자로 역사에 남겨졌을 까? 하는 의구심이 든다.

알베르트 아인슈타인은 누구보다 자기 자신의 강점이 무엇인지 잘 알고 있었던 사람이다. 그 결과 그는 20

세기의 최고의 과학자가 될 수 있었다. 이것은 그를 알고 있는 친척이나 친구들이  절대로 예측할 수 없었던 놀라운 일이 아닐 수 없었다. 그의 위대한 업적 중에 하나는 수 천년 동안 당연시하게 여겨온 개념들의 뿌리를 마구 흔들어 놓았다는 점이다. 다시 말해 기존의 많은 개념들을 완전히 파괴하고, 새로운 개념들을 스스로 창조해 내었다는 것이다. 이러한 놀라운 성과가 가능했던 것은 바로 그만이 가지고 있는 상상력이 아니고 무엇이겠는가?

그에게 상상력이 없었다면, 그는 평범한 물리학자에 머물러 있어야 했는지도 모를 일이다. 그는 말한다.

" 상상력이 지식보다 더 중요하다."

그이 이 유명한 말은 바로 자기 자신이 20세기 최고의 과학자가 될 수 있었던 바로 자기 자신의 강점이기도 한 상상력에 대한 말이기도 하다.

# 제2장. 성공에 집중할 때 인생은 평범해진다.

## 1. 청춘이기에 모든 것이 용서된다고 생각하지 마라.

청춘은 나이만 적고 육체가 젊다고 청춘이 아니다. 청춘은 젊은 마음이 있어야 하고, 뜨거움이 그 속에 있어야 모름지기 청춘이다. 청춘에는 생동감이 있어야 한다. 생동감이 있다는 것은 자기 자신을 넘어 새로운 존재로 생명력을 창조해 나간다는 것이다. 그것이 진정한 청춘 혁명이다. 자신을 혁신하고자 하는 생동감이 떨어질 때 비로소 인간은 나이를 먹고 늙어 가게 된다. 자기 계발도 이와 같다.

어쭙잖은 자기 계발은 무늬만 있을 뿐 제대로 사람을 성장시키지 못 한다. 청춘이 우리에게 저절로 열매를 맺게 해 주지 않듯 자기 계발을 한다고 모든 이들이 성장하고 결실을 맺는 것은 아니다. 청춘은 축복이며 선물이다. 하지만 그 축복과 선물인 청춘을 제대로 활용할 줄 알아야 더 큰 축복과 선물을 자신의 삶에서 열매를 맺을 수 있게 된다. 선무당이 사람을 잡듯 어설픈 자기 계발은 차라리 하지 말자. 이것이 필자의 지론이다.

청춘이기에 모든 것이 용서된다고 생각하는 것은 위험한 생각이다. 아무리 청춘이라 해도 용서받지 못 하는 것도 있다. 그 중에 하나가 시간을 낭비하는 것이다. 무엇에든 미쳐야 할 그 시간에 우물쭈물 하는 것과 어설픈 자기 계발로 귀한 세월을 낭비하는 것은 아무리 청춘이라 할지라도 용서 받을 수 없다. 그 대가는 평생 인생의 낙오자로 살게 되는 벌을 받게 된다. 세상에 공짜는 없다. 가장 좋은 시기인 청춘이 선물이라면 그 만큼 이유가 있는 것이다. 그만큼 치열하게 자신을 혁명해야할 최고의 기회인 셈이다.

청춘이란 늙고 병들기 전에 자신의 인생을 가치 있게 만들어 놓으라고 신이 우리에게 준 선물이며 축복의 계절인 것이다. 이 시기에 어떤 것에도 도전하지 않고, 자신의 강점을 발견하지 못 하는 자는 시작도 하기 전에 실패한 인생을 살아가는 것과 다름없다. 어제와 다를 바 없는 오늘을 살아가는 청춘은 누가 용서 할 것인가? 진취적 기상이 없는 청춘은 더 이상 청춘이 아니다.

태산을 향해 두 팔 벌릴 수 있는 호연지기가 없다면 그것은 청춘이 아니라, 젊은 것이다. 靑春은 푸른 하늘도 품을 수 있기에 청춘이라고 하는 것이다. 청춘은 새싹이 돋아나는 대지의 마법처럼 우리 인생에 놀라운 성공과 번영을 위한 싹을 심는 시기여야 한다. 그러므로 이 시기에 시간을 낭비하는 자는 용서 되지 않는 다.

인간은 자신의 꿈과 생각 이상으로 성장하거나 성공할 수 없는 존재이다. 그러므로 청춘의 시기에 반드시 해야 하는 것은 자신의 꿈과 생각을 키워야 하는 것이다. 그렇기 때문에 청춘은 작은 씨앗을 품었음에도 끝없는 푸른 하늘을 동시에 품어야하는 시기이다. 우리에게 청춘 혁명이란 작은 씨앗을 키워 푸른 하늘이 되게 하는 것이다. 바로 이것이 청춘 혁명이다.

## 2. 살다 보면 알게 되는 것들?

살다 보면 알게 되는 것들이 있다. 이런 것들은 하나같이 학교에서는 배울 수 없는 것들이며, 하나같이 인생을 살아가는 데 매우 귀중한 것들이라는 점에서 공통점을 가지고 있다. 나는 살다 보면 알게 되는 것을 매우 늦게 알게 되었다.

내가 알게 된 것들에 대해 잠깐 이야기를 하고자 한다. 그것은 치열한 사회생활을 막 시작하게 될 20대, 그리고 이미 시작하여 좌충우돌하면서, 하루하루를 살아내고 있는 20대들을 위해서 좋은 반면교사가 기꺼이 되어 주고자 하기 때문이다.

앞에서 말했듯이 나는 대한민국에서 가장 많은 젊은이들이 입사하기를 원하는 그런 회사를 다녔다. 물론 사람마다 평가 기준이 다 틀리겠지만 말이다. 하지만 지금 한국의 청년들이 가장 입사하기를 선호하는 1위 기업이기에, 이것은 일단 허풍은 아닐 것이다. 그래도 허풍이라고 물고 늘어지는 사람이 있다면, 할 수 없다.

그냥 좋은 회사를 다녔다고 하자. 물론 더 많은 월급을 주고, 더 많은 휴가를 주고, 더 많은 복지 혜택을 주는 회사도 많다. 하지만 최소한 대한민국을 대표하는 회사라는 사실은 변함이 없다. 그곳에서 나는 대한민국에서 최초로 2.5세대 유럽형 글로벌 휴대폰을 개발하는 팀원으로 프로젝트를 하면서, 엄청난 보너스를 받기도 했다.

입사 2년차의 일이었다. 그리고 그곳에서 나는 우리나라에 6 시그마가 제대로 알려지기 전에, 6 시그마 전문가 자격증을 획득하였다. 입사 5년차의 일이었다. 이 모든 것이 자기 계발 덕분이었고, 자기를 부단히 채찍질한 덕분이라고 생각했다. 그리고 이러한 일들이 모두 내 자신의 알맹이가 아닌, 빈껍데기에 불과하다는 사실을 깨닫게 되었다. 입사 11년차의 일이다.

대학교 시절 나는 가난했다. 그래서 식사를 못 해, 굶으면서, 공부한 적이 많다. 그리고 잠 잘 때가 없어서, 친구 하숙방에 거의 반 강제로 돈을 내지 않고, 6 개월 이상 얹혀살았던 적도 있었다. 다행히 공부만 했기에, 성적은 졸업할 때 보니, 우리 과에서 3등을 하면서 졸업을 하게 되었다.

공부만 했기 때문에 등록금을 대체할 수 있는 장학금을 받을 수 있었던 것은 매우 다행스러운 일이었다. 참고로 우리 과에서 1등한 친구는 서울대학교 대학원에 진학했고, 2등한 친구는 카이스트 대학원에 진학 했다. 나 역시도 졸업할 때 학점이 이들과 비슷한 수준의 고득점이기 때문에 마음만 먹었다면, 좋은 대학교의 대학원에 진학할 수 있었다. 하지만 나는 돈이 필요했다. 그래서 회사에 취직을 했다.

대학 생활 내내 가난에 찌들려 살았던 나에게, 대한민국 최고의 회사라는 직함이 찍힌 명함은 마치 로또에 당첨된 것 같이 큰 기쁨과 즐거움과 자긍심을 느끼게 하기에 충분했다. 왜 이것이 로또와 같은 것일까?

그것은 내가 이 회사의 명성을 위해 한 것은 아무것도 없다는 것 때문이다. 그저 나는 이 회사에 입사하는 그 순간, 이 회사가 지금까지 쌓아놓은 명성이 나의 일부가 되었기 때문이다. 그저 받은 것과도 같다는 느낌이 들었기 때문이다.

내가 회사에 입사하여 느낀 좋은 점 중에 하나는, 어디에 가도, 명함을 내밀면, 최소한 무시당하지 않을 수 있었고, 때로는 부러워하는 시선도 자주 느낄 수 있었다는 점이었다.

이런 기분에 도취되어, 회사 생활을 시작 했고, 누구보다 열심히 자신을 관리하고, 경영하며, 회사 일에 재미를 붙였고, 그로 인해 부서 내에서 사원으로 혼자서 엄청난 보너스를 받기도 했고, 상사로부터 큰 신임도 얻게 되었다.

흔히 시쳇말로 너무 잘 나갔기 때문에, 여러 모로 견제가 시작 된 것을 느낄 수 있었다. 특히 1년 차 선배들 중 몇 명은 내 놓고 나를 경계하고, 일부러 힘들게 하는 것 같았다. 보이지 않는 경쟁이란 것이 이런 것이구나 하고, 살면서 처음 느꼈다. 학창 시절 시험을 잘 치기 위해 경쟁하던 것과 전혀 다른 차원의 경쟁에 돌입하게 되었던 것이다.

동기들과도 보이지 않는 경쟁, 선배와의 미묘한 경쟁은 정말 엄청난 압박과 스트레스로 나를 짓누르려고 했다. 하지만 워낙 낙천적인 성격이기에, 이러한 것들은 나를 무릎 꿇게 할 수 없었다. 오히려 흥미진진한 모험을 하는 것 같았다.

다만 새로운 환경, 새로운 분위기가 인상적이었다. 소설이나 드라마에서만 보던 업적 가로채기, 모함하기, 아부하기, 짓밟기, 험담하기 등의 일들이 눈앞에서 벌어졌다. 마치 생중계를 보는 듯 했다. 이러한 새로운 환경과 작은 사회가 바로 내 눈 앞에서 현실이 되어서 내 인생에 찾아 들어 와서, 자리를 잡고 앉아 있는 것 같았다.

하지만 이 모든 것도 자신을 잘 관리하며, 인간관계, 업무 성과, 건강, 자기 계발 등을 소홀히 하지 않으면서, 앞만 보고 열심히 달린 덕에 별 탈 없이 회사생활을 해 나갈 수 있었다. 그렇게 열심히 달린지 10년이 훌쩍 지났다. 그 동안 많은 입사 동기들이 회사를 떠났다. 그리고 많은 사람들을 팀이나 프로젝트의 이름아래 만나고, 헤어지고를 반복했다.

이제는 후배들도 많아 졌고, 한 팀을 이끌어 가야 할 팀장이 되어 있었고, 명함에 찍힌 직책이 더욱 더 높아 졌다. 열심히 자기 관리를 한 덕분에, 퇴출당하지도 않고, 십 년 넘게 그렇게 치열하다는 회사에서 오래 생존하고 있었던 것이다.

후배들은 적응을 못 해서, 회사를 그만 두기도 하고, 너무 힘이 들어서 그만 두기도 하고, 또 어떤 이는 동료와의 관계가 좋지 않아서, 그만 두기도 했다. 회사를 그만 두고 떠나는 이들은 저마다 각기 다른 이유를 가지고 회사를 그만 두었다.

IMF를 극복하며, 나는 회사에서 살아남았다. 어떤 사람은 중견 사원으로 입사하자마자, 프로젝트를 하나도 맡아보지 못 하고, 대기하고 있다가, IMF가 발생하여, 회사를 반 강제로 나가게 되는 경우도 있었다.

그런 점을 생각해 보면, 나는 아주 운이 좋았던 것이다. 그리고 자기 관리를 나름대로 잘 했다고 스스로 칭찬해 주곤 했다. 영어는 토익과 회화를 꾸준히 공부했고, 더불어 중국어도 회화와 문법을 꾸준히 공부했다. 실무와 관련된 여러 가지 책들을 통해 꾸준히 전공 공부도 게을리 하지 않았다.

하지만 어느 순간 이러한 생각은 모두 심각한 착각에 불과하다는 사실을 알게 되었다. 내가 생각한 자기 계발은 순전히 회사의 부속품으로 정비를 잘 하고, 잘 돌아가게 하기 위한 부속품 관리에 불과한 것이었다.

" 뭐! 내가 지금까지 한 자기 계발은 다 틀렸다고, 그것은 단지 회사나 조직의 부속품으로 잘 돌아가게 만드는 부속품 관리 차원의 자기 계발에 불과하다고?"

이러한 자기계발의 가장 큰 폐단은 자신의 진짜 강점을 계발할 수 없다는 사실임을 깨닫게 되었다. 평생 현역으로 은퇴 후에도 멋진 인생을 당당히 살기 위해서 정작 필요한 것은 자신의 강점을 계발하는 자기 계발임을 알게 된 것이다. 이러한 엄청난 사실을 깨닫게 된 나는 그 순간 머리가 핑 돌았다.

### 3. 내 인생에 다시 찾아온 두 번째 군대생활?

자기계발이라고 해서 다 똑 같은 것이 아니었던 것이다. 내가 지금까지 해 온 자기계발은 회사라는 큰 기계에 투입되어, 기계가 돌아갈 때, 삑삑거리는 마찰음이 나거나, 잘 돌아가지 않게 되지 않도록, 기계를 날마다 기름칠 해주고, 정비해 주는 부속품으로서의 자기계발에 불과하다는 사실을 알게 되었다.

스펙을 쌓는다는 것은 회사에서 사용할 만한 부속품의 조건에 자신을 맞추는 것에 불과한 것이라는 사실도 깨닫게 되었다. 그런데도 왜 나는 그렇게 열심히 회사를 다닌 것일까? 그것은 회사에서 제공해 주는 당근 때문이었다. 나는 열심히 회사를 다니며, 충실하게 일을 했고, 회사는 그것에 대한 보상으로 직책과 권한과 연봉을 주었던 것이다.

겉으로 보기에는 서로서로 좋은 관계 인 듯 했다. 하지만 언제부터인가, 그것은 좋은 관계가 아니라, 한 쪽이 한 쪽을 착취하는 형태라는 것을 알게 되었다. 왜냐하면, 한 쪽에서 나보다 더 좋은 부속품이, 더 싼 값에 구매할 수 있게 되면, 그 때는 가차없이 그러한 행동을 하기 때문이다. 그것이 바로 구조조정이며, 명예퇴직이란 이름으로 행해지는 것이었고, 다른 쪽에서는 효율적인 경영이란 이름으로 행해지는 것이었다.

회사를 다니던 십 년 이상의 세월 동안 나는 누구보다 열심히 시간 관리를 하며, 건강관리를 하며, 인맥 관리를 하며, 업적 관리를 하며, 평판 관리를 하며, 앞만 보고 뛰었다. 하지만 회사를 그만 두는 그 순간 내 것이라고 생각했던 평판도, 인맥도, 업적도, 직책도, 권한도 오뉴월에 눈 녹듯 한 순간에 사라져 버렸던 것이다.

그 동안 내가 한 자기 관리는 참 된 자기 관리가 아니라, 회사를 떠나지 않는 동안에만 유효한 유효기간이 있는 자기 관리에 불과했던 것이다.

이러한 사실을 깨닫게 되는 순간, 더 이상 회사에 충성할 수가 없었다. 그렇게 좋게만 보였던 회사에서 주는 직책과 권한에 더 이상 마음이 가지 않게 되었다. 그 결과 나는 참 된 자기 경영을 하고 싶어 졌다. 그렇게 하기 위해서는 선행되어야 할 것이 있었다.

바로 회사를 그만두어야 한다는 것이었다. 그래서 나는 회사를 과감하게 떠났다. 더 이상 대체 가능한 부속품으로 열심히 살고 싶지 않았기 때문이다. 한 마디로, 나는 1인 혁명가가 되고 싶었던 것이다. 그리고 몇 년 동안 나는 나를 관리하고 경영하는 최고의 방법과 비결이 무엇인지에 대해 공부하고, 연구하기 시작 했다.

회사를 그만 둔 후, 3년 동안 나는 내가 평생 읽은 책보다 수천 배나 많은 책들을 읽게 되었고, 그 3년 동안 나는 내가 평생 고민하고, 생각했던 것보다 수백 배나 많은 고민과 생각을 하게 되었다. 뿐만 아니라 그 3년 동안 나는 평생 고생한 것 보다 더 많은 고생을 했다.

그리고 그 3년의 기간 동안, 나는 평생 설거지 했던 것보다 수 백 배나 많은 설거지를 하게 되었다. 내 인생에 다시 찾아온 군대 생활과 다를 바 없었다. 누구는 '군대는 꼭 가봐야 한다' 고 말한다. 하지만 '절대로 두 번 올 데는 못 된다.' 고 말한다. 그런데 나는 군대를 두 번 다닌 것과 같다.

어쨌든 나는 혹독한 시련과 훈련의 결과로, 비로소 나는 자신을 경영하는 길을 발견하게 되었고, 비로소 나는 1인 혁명가로 거듭날 수 있었다. 이제는 더 이상 회사나 조직의 힘에 의지 하지 않고, 혼자서 생존할 수 있게 되었던 것이다. 그리고 무엇보다 좋은 점은 그것은 유효기간이 없다는 것이라는 점과, 이 세상에 누구도 나를 대신할 수 없는 대체 불가능한 린치핀이 되었다는 점이었다.

이 과정을 통해, 나는 40년 이상 잠자고 있던 나의 강점을 발견할 수 있었고, 그 강점에 집중하는 법을 깨닫게 되었다. 그리고 그 강점에 집중한 결과, 재정적으로 자유를 누릴 뿐만 아니라, 시간적으로도 자유를 누릴 수 있게 되었다.

비로소 나는 세상을 살아가는 방법이 다르다는 사실을 발견했던 것이다. 뼈 빠지게 일만하고, 더욱 더 뼈 빠지게 일만 하도록 해 주는 자기 계발과 놀면서 자신을 더욱 더 유일무이한 존재로 만들어, 자신의 가치와 존재를 빛나게 해 주는 자기계발이 있음을 알게 되었다.

4. 진짜 위대해 진다는 것!

자신을 경영한다는 것도 두 가지 종류가 있음을 알게 되었다. 하나는 자신에게 주어진 시간이나 몸이나 재산이나 인맥을 만들고 관리하는 것이다. 그 결과 더욱 더 열심히 일만 하게 된다. 또 다른 하나는 자신만의 강점을 발견하고, 그것에 집중하여 그것을 최대로 발휘할 수 있도록 이끄는 것이다. 그 결과 무조건 열심히 일하는 사람들보다 훨씬 더 큰 보상을 받게 된다.

진짜 자신을 경영한다는 것은 시간이나 건강을 관리

하는 차원을 넘어, 자신의 강점을 발견하고, 그것에 집중하는 것이라는 사실을 알게 되었다. 왜냐하면 후자가 진짜 위대해 질 수 있는 유일한 방법이라고 필자는 생각하기 때문이다.

참 된 자기 경영의 길을 발견한 자의 유익함은 평생 현역으로 살아 갈 수 있다는 점이며, 자신이 정말 좋아하는 것을 자신의 직업으로 선택할 수 있다는 점이다. 그리고 절대 다른 사람들이 할 수 없는, 자신만이 할 수 있는 일이기에 대체 불가능한 린치핀이 될 수 있는 길이며, 1인 혁명가로 살아 갈 수 있다는 것이다. 뿐만 아니라, 최고가 될 수 있는 가장 현명한 길을 발견했다는 것도 유익함 중에 하나일 것이다.

자신의 강점을 발견하고, 그것과 연관된 일을 함으로써, 얻게 되는 또 다른 유익함은 삶과 일의 균형을 충분히 잡을 수 있다는 것이다. 이러한 환경은 그 만큼 많은 자유와 여유를 누릴 수 있게 되었고, 즐기면서 일을 할 수 있게 되었다는 점에서 최고의 인생이라고 하지 않을 수 없는 것이다.

수많은 사람들은 성공에 대해 환상을 가지고 있기 때문에, 그것에 집착하여, 성공의 노예로 살아가고 있다. 오로지 성공하기 위해, 자신을 많이 희생하고, 심지어 가족까지, 친구까지 다 희생한다. 그런 사람들에게 왜 성공을 하고 싶은지에 대해 물어 보면, 어떤 이는 이렇게 말할 것이다.

" 남들이 다 일하러 가는 평일 날에 바다가 내려다 보이는 곳에서 커피를 마시며, 책을 보며, 클래식 음악을 들으며, 생계 걱정 없이 여유와 낭만을 누리고 싶어서요. "

라고 말이다. 그런데 나는 지금 그것을 하고 있다. 물론 가끔씩~~ 이지만 말이다. 내가 회사에서 시키는 스펙 쌓기에 목숨을 걸고, 회사의 부속품으로, 회사가 원하는 사람이 되기 위해, 내 영혼을 팔았다면, 나는 이러한 성공을 평생 할 수 없었을 것이다. 하지만 나는 지금, 이것을 다 하고 있다.

여기서 오해를 해서는 안 되는 것이 하나 있고, 확실

하게 이해해야 할 것이 하나 있다. 그것은 진짜 위대해진다는 것은 회사에서 누군가가 시키는 일을 아무리 열심히 해도 불가능한 일이 될 뿐이라는 사실이다. 그런 점에서 진짜 위대해진다는 것은 후자의 경우에 오히려 더 가까이 있다고 말하고 싶다.

약간 유명해진 덕분에 서울에 자주 올라가게 되고, 그로 인해 훌륭한 명사 분들을 많이 만나게 되는 데, 그 분들이 하나같이 필자에게 하는 말이 빨리 서울로 이사오라는 것이다. 그래야 더 자주 보고, 더 많은 교류를 할 수 있고, 더 친해 질 수 있다는 것이다. 물론 그런 말을 들을 때면 너무나 감사하고 고맙다. 하지만 지방에서 조용히 책을 읽고 책을 쓰는 것만으로 필자는 이미 위대한 삶을 살아가고 있다고 생각하기에 서울로 이사 갈 마음은 없다.

진짜 위대해진다는 것은 복잡한 서울로 올라가서 수많은 사람들과 경쟁하며 남들보다 더 많은 책을 팔고, 더 많은 책을 쓰고, 더 인기가 높아지고, 더 많은 인맥을 형성하는 것이 아니라고 필자는 생각하기 때문이다.

진짜 위대해진다는 것은 자신의 강점에 집중하여 최고의 자신을 만든다는 것이 아닐까?

이제 우리는 성공에 대한 환상과 집착을 버리고, 우리 자신을 발견해야 할 때이다. 그래야 참 된 행복과 성공의 길을 누리며, 그 길을 당당히 스스로의 힘으로 갈 수 있게 될 것이다.

죽도록 일하지 않고, 성공하는 것이 참 된 성공이다. 그 길은 절대 스펙 쌓기가 아니다, 바로 자신을 경영하는 것이다. 즐기면서도 성공할 수 있는 길이 있다. 그것이 바로 자신을 경영하는 것이다. 스펙 쌓기와 같은 자기 계발은 죽도록 해야 성공하는 길일뿐만 아니라, 성공도 절대 보장할 수 없다.

성공에 집중하거나 성공에 집착할 때 절대 위대해질 수 없다. 독특함을 갖추게 되면 부와 성공은 부산물로 저절로 따라 오는 것이다. 진짜 위대해진다는 것은 이런 것이다. 부와 성공에 집중하지 않고, 자신의 독특함에 집중할 때 다른 것들이 저절로 생겨나는 것이다.

5. 독특함은 인생 혁명에서 비롯된다.

" 나에게 진리가 되는 믿음이란 내 안의 강점을 최대로 활용하고 그것을 행동으로 옮겨 최상의 의미를 얻는 것을 말한다." 라고 앙드레 지드는 말 한 적이 있다. 그런 점에서 우리가 인생을 잘 살아간다는 것을 의미하는 것은 자신의 안에 있는 강점을 최대로 활용하고 그것을 실천하며 최상의 인생을 만들어 간다는 것이라고 나는 생각한다.

그런 점에서 그것이 가장 가능한 시기가 청춘이라고 할 수 있고, 또 그런 점에서 청춘은 또 다른 하나의 혁명의 시기라고 말할 수 있을 것이고 나는 생각한다.

"청춘은 청춘에게 주기에는 너무 아깝다! " 영국의 극작가 조지 버나드 쇼의 말처럼 청춘을 낭비하기에는, 그냥 흘러 버리기에는 너무 아깝다고 생각한다. 특히 대한민국의 청춘들은 그렇다. 취업 문제, 스펙 쌓기에 너무 아까운 청춘을 낭비하고 있다. 청춘다운 청춘은 이미 이 세상이 다 앗아가 버린 것 같다. 좌절과 방황, 혼란뿐인 미숙한 청춘! 하지만 그러한 미완성(未完成)속에서 완성을 준비해야 하는 시기임을 잊어서는 안 된다.

불확실성 속에서 확실한 무엇인가를 준비해야 하는 시기가 바로 청춘인 것이다. 그래서 청춘은 평범한 시기가 아니라 바로 혁명의 시기인 셈이다. 혁명은 아무나 할 수 있는 그런 것이 아니다. 혁명은 남과 다르게 살아야 하는 것이고, 어제와 다르게 살아야 하는 것이다.

그대 인생이여! 그대는 혁명을 해 보았나? 이 질문이 너무 황당하게 들린다면, 이렇게 되물어보겠다. 인생을 살면서 어떤 이는 어제와 다를 바 없는 오늘을 살고 있고, 내일은 오늘과 다를 바 없는 내일을 살아가고 있다. 이런 사람들에게 혁명을 기대할 수 없다. 혁명은 최소한 어제와 다른 오늘을 살고자 하는 사람, 그리고 오늘과 다른 내일을 살고자 하는 사람에게 기대할 수 있기 때문이다.

나는 생각한다. 인생에 너무 늦었거나, 혹은 너무 이른 나이는 없지만, 반드시 하지 않으면 한 단계 접고 들어가야 하는 시기가 있다. 그것은 바로 청춘의 시기에 자신을 혁신할 기회를 놓치는 것이다. 이것은 성공의 문제가 아니며, 능력의 문제는 더 더욱 아니다. 가장 혁신이 필요할 때 혁신하지 않는 것은 그 자체로 실패인 셈이다. 눈에 보이지 않는 실패인 것이다.

청춘의 시기에 자신을 혁신하여, 어제와 다른 오늘을 살고, 오늘과 다른 내일을 살아간다는 것은 그것만으로 성공인 셈이다. 꽃을 피우고 안 피우고는 나중 문제이다. 지금 우리 청춘의 시기에는 하루하루가 변화의 순간이 되어야 한다. 그래서 어제는 꿈꾸지 못 했지만 오늘은 꿈을 꿀 수 있어야 하고, 오늘은 희망이 없었으나 내일은 가슴 벅찬 희망이 생겨나야 한다. 바로 이것이 청춘의 혁명인 것이다.

혁명에도 여러 가지가 있다. 하지만 청춘의 시기에

우리가 해야 할 혁명은 속도가 아니라 방향이다. 속도의 혁명은 나중에 해도 된다. 하지만 방향에 대한 혁명은 청춘의 시기에 하지 않으면 안 된다. 배로 치자면, 안전한 항구에서 떠나 항해를 시작 할 때라고 할 수 있다. 이 때 목표를 정하고 배의 항로를 잡지 않는 배는 결코 목적지에 도달 할 수 없게 된다. 이런 점에서 청춘의 시기에 무엇보다 필요한 혁명은 인생 항로에 대한 혁명을 해야 한다.

우리는 최고의 삶을 살겠다는 열망을 가지고 있다. 그리고 그것이 하나의 궁극적인 삶의 목적이라고 할 수 있다. 그렇다면 그 목적지를 향해 가장 빨리 갈 수 항로를 정하는 것이 청춘혁명의 최대의 목표다.

하지만 어떤 목적지를 선택하더라도 자신의 인생을 혁명하게 되면 궁극적으로 위대해져야 한다는 사실을 잊어서는 안 된다. 독특함은 결국 인생 혁명에서 비롯되는 것이기 때문이다.

6. 최고가 될 수 있는 그것을 붙잡으라.

우리는 무엇으로, 어떻게 청춘의 혁명을 시작할 수 있을 까? 최고의 삶을 살기 위해서는 최고가 되어야 한다. 우리는 어떻게 최고가 될 것인가? 이 책에서는 그 방법을 자기 경영이라고 부르기로 했다. 그렇다며 자기경영이란 무엇인가? 이러한 물음을 세계적인 석학들의 조언들을 토대로 하여 실마리를 찾아보자.

세계적인 경영학자인 짐 콜린스는 자신의 명저인 [좋은 기업에서 위대한 기업으로(원제:Good to Great)]란 책에서 자신을 경영한다는 것 즉 자기 경영에 대한 기본적인 개념을 제공해 준다. 물론 짐 콜린스는 자기경영이란 말을 사용하지는 않았다. 하지만 그는 고슴도치와 여우 이야기를 통해, 우리가 지금까지 잘못 생각했던 성공에 대한 비결에 대해 큰 가르침을 주고 있다.

그 가르침이란 바로 성공하기 위해 가장 중요한 사실은 수많은 성공의 비결과 전략, 성공에 대한 계획과 동기 부여 등과 같은 요인보다 더 중요한 것은 우리가 무엇에서 최고가 될 수 있을 지에 대해 제대로 아는 것, 즉 자신의 강점이 무엇인지, 어떤 분야에서 또한 최고가 될 수 있는지에 대해 제대로 파악하는 것이라고 말한다.

“ 고슴도치 개념은 최고가 된다는 것, 최고가 되는 전략, 최고가 되려는 의도, 최고가 되기 위한 계획이 아니다. 그것은 당신이 무엇에서 최고가 될 수 있을지 아는 것이다. 그 차이는 절대적으로 중요하다. “

그는 말한다. 경쟁에서 승리하는 쪽은 자신이 무엇에서 최고가 될 수 있을 지 본능적으로 아는 쪽이라고 말이다. 아무리 최고가 되는 좋은 전략과 의도와 계획이 있다고 해도, 승리하는 쪽은 자신이 최고가 될 수 있는 것이 무엇인지 아는 사람이나 기업이라는 것이다.

이것이 자신을 경영한다는 것의 첫 단계 활동이다. 즉 ‘나는 무엇에서 최고가 될 수 있을까를 제대로 알아내는 것이 자기 경영의 첫 단계이다. 이것은 자신과 인생의 방향을 잡는 다는 의미에서 매우 중요하다고 할 수 있다. 이러한 자기경영의 첫 단계의 중요성에 대해 언급하고 있는 학자는 의외로 많다. 그 중에 한 명이 바로 다중

지능이론의 창시자이며, 하버드대학의 심리학자인 하워드 가드너이다.

“ ‘누가 비범한가?’ 라는 질문은 잘못된 것이다. ‘어디에 비범성이 있는 가?’ 라고 물어야 한다. “라고 말한 하워드 가드너의 주장대로 우리 모두는 자신에게만 특별하게 부여된 비범성을 갖고 있다.

승자와 패자, 대가와 평범한 사람을 가르는 것을 어디에 그 비범성이 있는 지를 찾아 낸 사람과 그렇지 못한 사람의 차이일 뿐이라고 말할 수 있다. 즉 그것을 발견하고, 그것에 집중하여, 키워내는 사람과 그렇지 못 한 사람의 차이가 있을 뿐이다.

누구에게는 그러한 비범성이 예술 분야에 있을 수 있고, 누구는 금융 분야에 있을 수 있고, 누구는 문학 분야에 있을 수 있다. 자신의 비범성과 재능이 예술 분야에 있는 사람이 그것을 미처 깨닫지 못 했거나, 주위 환경에 의해, 남들이 다 선호하는 돈벌이가 잘되는 직업에 종사하여 평생을 살게 되면, 그는 절대로 세계적인 천재가 되지 못 한다.

세계적인 천재가 될 수 있는 비범성이 있음에도 불구하고, 그저 돈벌이가 잘되는 직업, 직종, 직장에 머물러서 인생을 허비하며 살다 가는 것이다. 그래서 우리에게 중요한 것은 무조건 남들처럼 열심히 살고, 인기 있는 학과와 직업에 종사하고, 남들과의 경쟁에서 이겨서 일등을 하는 것이 아니라, 우리의 비범성이 존재하는 분야와 비범성, 즉 바로 자기 자신만의 강점을 발견해 내고, 그것을 세상 밖으로 표출시키는 것이다.

그것을 발견해 내는 사람은 최고가 될 수 있고, 그것을 발견하지 못 하고, 그저 타인과 비슷한 방법으로 타인과 비슷한 길을 가는 사람은 절대 최고가 될 수 없으며, 부자가 될 수 없다.

이런 사람들은 최고가 될 수 없을 뿐만 아니라, 더욱 더 비극적인 사실은 자신에게 부여된 놀라운 비범성을 사장시켜 버리게 되는 안타까운 결과를 낳게 되면서도, 그러한 안타까운 사실마저도 인식하지 못 하는 웃지 못 하는 상황 속에 빠져서 허덕거리며, 주어진 귀한 삶을 허비하고, 낭비하게 된다는 사실이다.

7. 독특함의 첫 단추는 인생의 항로를 결정하는 것이다.

자신을 경영한다는 것의 두 번째 단계는 발견한 하나의 큰 강점에 모든 것을 집중시키는 행동이다. 이것은 자신의 인생의 항로를 한 곳으로 결정하는 것과 다름없다. 이것도 좀 했다가 저것도 좀 하다가 아무것도 하지 못하는 인생 낭비와 시행착오를 막기 위한 최선의 방법이다.

위에서 언급한 '고슴도치 원칙'에서 짐 콜린스는 좋은 기업에서 위대한 기업으로 성장이 가능한 중요한 경영 원칙 중에 하나가 바로 고슴도치처럼 한 가지 커다란 일(강점)을 부여잡고, 현혹되지 않고, 일관적으로 그 강점을 밀어붙이며, 앞으로 나가는 것이라고 말했다.

이렇게 한 가지 커다란 강점에 집중하고, 그것을 실천할 때 기업들은 이른바 '도약take-off'에 성공할 수 있었다고 그는 주장한다. 하지만 교활한 여우처럼 성공할 수 있을 것 같이 보이는 다양한 방법들을 가지고, 한 번은 이런 전략을, 한 번은 저런 전략을 구사했던 기업들은 나쁘지 않은 결과를 얻었지만, 결코 선두는 될 수 없었다고 말하고 있다.

"여우는 많은 것을 안다. 그러나 고슴도치는 하나밖에 모른다. 그리고 그것이 위대하다."

라고 고대 그리스 시인 아킬로쿠스는 말했다. 그가 이 말을 한 정확한 의미는 알 수 없지만, 자신의 강점에 오롯이 집중하고, 그것에 전부를 투자하는 것은 독특함으로 나아가는 길이며, 위대한 삶을 사는 방법이라는 사실에 대해 말하고 있는 것이라고 생각해 볼 수 있다.

인류 역사상 위대한 업적을 성취한 위인들은 이것저것에 한 눈 팔지 않았다는 사실이 이 주장에 대한 확신에 대해 잘 방증해 주는 듯하다. 물론 자신의 강점을 발견하기 위해, 이것도 해 보고, 저것도 해 보는 것은 불가피한 것이지만, 일단 커다란 하나를 발견했을 때, 그것에 미칠 만큼 그것에 집중하는 사람, 그리고 그것밖에 모르는 사람은 독특함 그 자체라고 말 할 수 있을 것이다.

인생의 항로를 결정한다는 것은 다름 아닌 자신이 평생 가야 할 길을 선택한다는 것이다. 자신이 평생 가야 할 길은 반드시 자신이 최고가 될 수 있는 분야여야 한다. 최고가 되지 못 할 것이 뻔하고, 최고가 될 자신도 없는 분야를 선택해서는 안 된다. 그러한 실수를 예방하기 위해 우리는 자신을 경영해 나가야 한다. 자기 자신을 경영하는 과정에서 자신이 최고가 될 수 있는 분야를 발견해 낼 수 있다.

독특함의 시작은 바로 이것이다. 자신이 최고가 될 수 있는 분야를 발견하고 그 길을 선택하는 것에서 비롯된다.

8. 독특함은 우리 내면에서 나온다.

“ 삶의 진정한 비극은 우리가 충분한 강점을 갖지 못한 데에 있는 것이 아니라, 이미 갖고 있는 강점을 충분히 활용하지 못하는 데에 있다.” 라고 벤자민 프랭클린이 말했다. 이 말은 다시 말하자면, 이미 우리는 충분한 힘을 가지고 있지만 그것을 제대로 할용하지 못 하고 있다는 말일 것이다.

그렇기 때문에 강점 혁명은 청춘들이 자신의 내면에 있는 이미 가지고 있는 힘을 끄집어내어 활용하도록 하는 것과 같은 말이다.

청춘이 힘이 있는 이유는 그 내면에 아직도 다 채우지 못 한 공간들이 많이 있기 때문이다. 기성세대들은 이미 내면에 좌절과 한계와 열등의식과 절망과 후회와 아픔으로 가득 차 있어서 더 이상 다른 것들을 채울 내면의 공간이 없다. 그래서 힘을 내려고 해도 힘이 없는 것이다. 하지만 청춘은 다르다. 희망과 용기와 감동과 꿈과 열정과 미래와 환희와 기쁨으로 가득 채울 공간들이 많이 남아 있다. 그래서 청춘은 빈 공간이다.

청춘의 시기에 이러한 빈 공간을 희망과 용기로 채우는 것 또한 청춘의 의무이자 특권이자 권리이다. 이 시기에 자신을 경영한다는 것은 이 빈 공간을 가치 있고 의미 있는 것들로 가득 채운다는 것을 의미한다.

모든 힘은 우리 내면에서 나오기 때문에, 청춘은 자신을 힘이 있는 강자로도 만들 수 있고, 힘이 없는 약자로도 만들 수 있는 마법의 시기를 맞이한 것과 다름없다. 이 시기에 어떤 청춘은 세상의 모든 힘을 자신의 내면에 쏟아 붓는 다.

하지만 어떤 청춘은 세상의 모든 보잘것없는 것들만을 자신의 내면에 쏟아 붓는 다. 이러한 차이는 겉으로 나타나지도 보이지도 않는다. 하지만 우리의 삶을 이끄는 것은 의식이 아니라, 잠재의식이다.

잠재의식에 비하면 의식은 빙산의 일각에 불과하다. 자신의 내면에 쏟아 부은 것들이 무엇인지에 따라 그 사람의 내면에서 우러나오는 참 된 힘은 달라진다. 어떤 이는 세상이 요동칠 만큼 큰 시련과 역경 앞에서도 눈썹 하나 깜짝 하지 않는 인물이 있다.

또 어떤 이는 가랑비만큼의 시련과 역경 앞에서도 심하게 요동치며 안절부절 하지 못 한다. 바로 이 차이가 학식이나 능력의 차이가 아니라, 청춘의 시절에 자신의 내면에 무엇을 쏟아 부었는지에 따라 결정 되는 것이다.

자 이제 당신은 당신의 빈 공간에 무엇을 쏟아 부을 것인가? 바로 이것이 자기 경영이다. 자신의 강점에 집중하여, 강점과 관련된 것만을 쏟아 붓고, 그것과 관련된 것에 물을 주고, 싹이 돋아나게 해야 하는 것이다.

명심하라. 독특함은 우리 내면에서 나온다.

9. 독특함은 달란트를 최대한 활용하는 것이다.

세계 최고의 베스트셀러이기도 한 성경에도 강점 경영에 대한 이야기가 나온다. 바로 마태복음서에 나오는 달란트 비유이다. 주인이 집을 떠나면서, 종들에게 각각 다섯 달란트, 두 달란트, 한 달란트를 나누어 주었다. 그러고 나서 여행을 마치고 돌아온 주인은 종들을 불러 모아 달란트를 어떻게 사용했는지 물었다.

첫 번째 종은 자신이 받은 달란트를 사용하여 장사를 하여, 다섯 달란트를 남겼고, 두 번째 종도 자신이 받은 달란트를 사용하여, 또 다른 두 달란트를 남겼다. 이들을 향해 주인은 기뻐하며, 칭찬을 했다. 그리고 마지막 종이 보고해야 할 순서가 되었다.

그 마지막 종은 자신이 받은 달란트를 잃어버릴까 두려워 땅 속에 깊이 파묻어 두고, 감추어 두었다가, 다시 파내어 여기 가져왔다고 주인에게 말했다. 그때 주인은 말한다.

" 악하고 게으른 종아. 어찌하여 내가 준 달란트를 이용하여, 이자를 남기지 않고, 땅 속에 깊이 파묻어 놓고만 있었느냐? 악하고 게으른 종이 가진 한 달란트를 빼앗아 열 달란트를 가진 자에게 주어라. "

라고 하면서, “ 무릇 있는 자는 받아 풍족하게 되고, 없는 자는 그 있는 것까지 빼앗기리라.” 라고 말한다.

이 달란트 비유에서도 강점 경영의 중요성과 필연성에 대하여 깨달을 수 있다. 사람마다 다른 달란트를 주었지만, 주인이 원했던 것은 그 달란트로 얼마나 많은 이자를 남겼느냐가 아니라, 그 달란트를 잘 활용하고, 이용하여, 얼마나 발전시키고, 확장시켰느냐 하는 것이었다.

그런데 마지막 세 번째 종은 자신이 받은 달란트를 사용하지 않았고, 그로 인해 발전도 시킬 수가 없었던 것이었다. 그래서 주인은 화가 났던 것이었고, 심지어 그 한 달란트를 빼앗아서 열 달란트 가진 종에게 주었던 것이다.

이처럼 우리에게 주어진 달란트를 우리가 사용하지 않고, 그것을 발전시키지 않을 경우, 우리들은 아무것도 받을 수 없을 뿐만 아니라, 있던 것마저 뺏기고, 책망을 받게 된다.

벤자민 프랭클린도 '삶의 진정한 비극은 우리가 충분한 강점을 갖지 못한 데에 있는 것이 아니라, 이미 갖고 있는 강점을 충분히 활용하지 못하는 데에 있다' 라고 말한바 있는 데, 바로 달란트 비유와 일맥상통한 말이라고 할 수 있다.

독특함은 결국 우리가 가진 달란트를 최대한 활용할 때만 가능하다. 그렇기 때문에 자신이 가진 달란트가 무엇인지 아는 것이 가장 중요하다.

## 10. 평범한 자신을 위대하게 만드는 방법.

[위대한 나의 발견, 강점 혁명]이란 책의 저자인 마커스 버킹엄은 진정한 자기 계발은 약점을 보완하는 것이 아니라, 강점을 발견하고, 그것에 집중함으로써, 타인과의 간격을 더 벌리는 것이라고 말한다.

그 책에서 주장하는 요점은 한 마디로 자기 계발은 약점을 보완하는 것이 아니라는 것이다. 많은 사람들이 자기 계발을 그저 약점을 보완하는 것으로 잘못 인식한다는 것이다. 말을 잘 못하니 웅변학원에 다니고, 글을 잘 못 쓰니 표현력을 기르고 글쓰기 학원에 다니려고 한다는 것이다. 다시 말해 가장 성과가 약한 일에 가장 많은 시간과 돈을 투자하는 상황이 되어 버린 것이다. 하지만 진정한 자기 계발은 자신의 강점을 발견하고 집중적으로 활용함으로써 스스로를 더욱 더 차별화시키는 것이라고 한다.

이 책에서 주장하는 것처럼, 자신의 강점을 발견하고, 집중적으로 활용함으로써 스스로를 차별화시키고, 그 분야에서 자신을 최고로 만드는 것이 바로 자기 계발인 것이다. 바로 이러한 자기계발을 다른 말로 '강점 경영 위주의 자기 경영'이라고 말하고 싶다.

즉 이 책에서 말하고 있는 자기경영의 본질이란 바로 자신의 강점을 발견하고, 그것을 발휘하도록 모든 총력을 그곳에 기울이는 강점경영인 것이다.

자신을 경영한다는 것은 한 마디로 자신의 내면에 숨겨져 있는 비범성이 존재하는 바로 그 강점분야와 강점 그 자체를 발견하고, 발견한 자신의 강점을 기준으로 하여 자신의 모든 힘과 에너지를 재배치시켜, 자신의 강점을 가장 잘 발휘할 수 있도록 자신의 시간과 환경을 관리하는 것뿐만 아니라, 자신의 내면의 것들 즉 마음자세와 의식, 정신까지도 그 강점에 초점을 맞추어, 관리하여 가장 자기 자신다운 삶을 살아가도록 자신의 인생을 자신의 강점에 초점을 맞추어 경영해 나간다는 것이다.

이 책에서 말하고 있는 자신을 경영하는 것의 요체는 자기의 그 어떤 것보다도 먼저 자신의 강점에 초점을 맞추어, 자기 관리를 해 나가는 것을 의미한다는 점에서 다른 자기 경영과 가장 큰 차이점이다. 이 책에서 자신을 경영한다는 것은 자신의 강점에 집중하여, 그것을 발견하고, 그것에 집중하여, 그것을 최대한 발휘함으로써, 인생을 보다 더 윤택하게 살고자 하는 하나의 생존 전략인 셈이다. 이것을 간단히 이 책에서는 '자기경영법' 이라고 말할 것이다.

평범한 자신을 위대한 자신으로 만드는 방법은 한 가지 뿐이다. 그리고 그것은 자신의 비범성이 어디에 있는가하는 것을 발견하는 것이다. 이 세상에 그 어떤 위대한 인물도 이 방법을 사용하지 않은 사람은 단 한 사람도 없다.

## episode _ 독특함의 대가를 직접 만나라. II

### -독특함의 대가 II - 워렌 버핏

" 당신이 좋아하는 일을 택하시오. 그러면 그 꿈은 자연스럽게 이루어집니다. 여러분과 나 사이에 차이가 있다면 단지 나는 매일 아침 일어나서 하고 싶은 일을 할 수 있는 기회를 가진다는 것입니다. 매일 매일 말이죠. 이 말이 내가 여러분에게 해 줄 수 있는 최선의 충고입니다. "

[위대한 나의 발견, 강점 혁명]이란 책에서 가장 먼저 나오는 이야기는 '강점을 발휘하며 사는 사람들'에 대한 이야기이다. 물론 타이거 우즈와 빌 게이츠도 약점이 있지만, 약점이 아닌 강점에 집중하였기 때문에, 지금의 그들이 존재할 수 있다는 사실을 잘 설명해 준다. 그리고 워렌 버핏도 이들처럼, 약점이 아닌 강점을 발견하고, 그것에 집중함으로써, 세계 최고의 투자가라는 명성을 얻고, 세계에서 가장 부유한 사람 중에 한 명이 될 수

있었다는 사실을 잘 말해 준다.

타인들이 만들어 놓은 투자의 성공 법칙들은 워렌 버핏의 강점과는 매우 차이가 있었다. 보통 성공적인 투자가가 되기 위해서 반드시 갖추어야 할 특성으로는 상상할 수 없을 정도로 복잡하고, 비도덕적인 세상과 급변하는 상황에 신속하게 대처하는 능력과 복잡한 시장 흐름을 예리하게 읽어내는 개념적 사고 능력, 그리고 다른 사람을 꿰뚫어보는 천부적인 재능 등이라고 할 수 있다. 하지만 워렌 버핏은 이러한 재능들을 가지고 있지 않았다. 한 마디로 그는 투자가로서의 자질이 없다고 말 할 수 있다. 하지만 그는 이러한 자질을 보완하고, 기르기 위해, 그는 노력하지 않았다. 즉 워렌 버핏은 남들처럼, 이러한 재능을 기르기 위해, 각고의 노력을 기울이지 않았다. 아무리 노력을 해도, 그것을 강점으로 타고난 사람과의 간격은 좁힐 수 없다는 사실을 본능적으로 잘 알고 있었기 때문인 듯 하다.

워렌 버핏은 대부분의 성공한 투자가들과 어딘지 모르게 달랐다. 왜냐하면 그는 대부분의 투자가들이 가지고 있는 성격과 특징들을 가지고 있지 않는 것처럼 보이기 때문이다. 그는 투자가들의 전형적인 특징인 민첩하다기보다는 느긋한 성격을 가지고 있었고, 개념적 사고보다는 실제적 사고에 익숙한 사람이었다. 그리고 이 뿐만 아니라, 투자가로서 기본적으로 몸에 익히고 있어야 할 의심보다는 무조건 믿는 쪽의 사람이었다. 이런 사람이 어떻게 투자가로 성공을 할 수 있었을 까? 그것도 세계 최고의 투자가로 말이다.

그 이유에 대해 [위대한 나의 발견, 강점 혁명]의 저자들은 매우 성공적인 삶을 살아가는 다른 많은 사람들과 마찬가지로 워렌 버핏도 자신이 가진 강점을 더욱 강화하는 방법을 찾아내 실천에 옮겼기 때문이라고 말한다. 그리고 그 증거로 자신의 느긋한 성품을 강화하여, '20년 동안 확신을 가지고 미래를 예측할 수 있는 회사에만 투자를 하는 전략을 그가 구사 했고, 이론이나 광범위한 시장 경향에 근거한 투자기법보다는 자신의 직관으로 실제적으로 이해가 되는 회사들에만 투자를 하고, 사람에 대해 신뢰가 생겨서, 일단 믿을 만하다는 판단이 서면, 경영 방식에 전혀 간섭을 하지 않고, 투자를 하는 독자적인 워렌 버핏식 투자법을 들고 있다.

그의 독자적인 워렌 버핏식 투자법은 철저하게, 자신의 성격과 강점을 근간으로 하는 투자 방식이었고, 그 결과 그는 세계 최고의 투자가가 될 수 있었다. 남들이 사용하여, 성공을 한 타인의 성공 방법을 따라 하지 않고, 그는 자신만의 방법을 창조했던 것이다.

무엇보다 워렌 버핏은 투자가로서 갖추어야 하는 기본 자질이나 특성에 집중하여, 자신에게 부족한 것을 보안해 나가려는 전략을 취하지 않았다는 것이다. 오히려 그는, 오직 자신의 강점에 집중하여, 타인에게는 없고, 자신에게만 있는 자신만의 강점을 최대한 발휘하는 투자 전략을 취함으로써, 세계 최고의 투자가라는 명성과 부를 거머쥘 수 있었던 것이다. 이런 점에서 우리는 그를 자기경영의 대가라고 말 할 수 있는 것이며, 그의 경영 전략을 통해, 우리 역시 자신의 강점과 성격을 잘 파악하여, 그것을 강력한 경쟁력으로 승화시켜야 할 것 같다.

“ 가치가 있는 것은 언젠가 제 값을 받기 마련이

다.”

그는 다른 대부분의 투자자들이 가격 변동에 초점을 두고 있을 때, 홀로 가치에 초점을 두었다. 가치가 있는 것은 언젠가 제 값을 받기 마련이라는 생각을 근거로 하여, 그는 장기적인 투자를 선호했던 것이다. 그래서 그는 가치 있는 주식을 발굴해 내고, 그것을 오랫동안 보유하는 느긋한 투자자였던 것이다. 그래서 그는 남들이 조금이라도 수익을 내기 위해 빈번한 거래를 할 때, 그는 거래하지 않는 것을 즐겼던 것이다.

무엇보다 그로 하여금, 투자가로 세계 최고가 될 수 있도록 해 준 것은 자기 자신만의 길을 발견하고, 그 길을 용감하게 걸어갔기 때문이다. 이것이 바로 자기 경영인 것이다. 남들과 비교하지 않고, 남들을 따라 하지 않고, 자신만의 투자법을 개발하고, 그것을 실천하는 것이 자기 경영의 일환인 것이다.

# 제3장. 어디에 나의 독특함이 있는가?

## 1. 평범함에 지친 당신이 위대해지는 법.

우리는 이제 '내가 무엇을 가장 잘 할 수 있는 가' 라는 질문을 스스로에게 던져야 한다. 이것이 자기경영의 첫걸음이기 때문이다.

" 이 세상에서 가장 훌륭한 질문은 바로 이것이다.

" 내가 이 세상에 살면서 잘 할 수 있는 것은 무엇일까?" "

라고 벤저민 프랭클린은 말한바 있다. 강점 경영이

얼마나 중요하며, 성공적인 삶에 있어서 핵심이 되는 비결이라는 사실을 모르고 있는 사람들이라면, 그의 이 말을 처음 접하게 되면, 그의 말을 잘 이해할 수 없어서, 고개를 저을 수도 있을 것이다.

"왜 이 세상에서 가장 훌륭한 질문이 '자신이 세상에 살면서 잘 할 수 있는 것이 무엇인지 '에 대한 질문이지?"

라고 의문을 충분히 품을 수 있을 것이다. 하지만 강점 경영에 대해 알고 있는 사람은 그런 의문을 품지 않고, 오히려 그의 이 말에 대해, 공감을 느낄 것이다.

우리 인생에서 우리가 던질 수 있는 가장 훌륭한 질문은 바로 '내가 이 세상에서 가장 잘 할 수 있는 것은 과연 무엇일까?' 라는 질문이다. 이 질문을 하는 것이 바로 자기 경영의 시작이기도 하기 때문이다. 이러한 질문에서 자기 경영이 시작된다.

이 책에서 이제 말하고자 하는 바로 그것 '자기

경영' 의 핵심은 바로 '평범한 자신을 가장 나은 사람으로 만들기 위해 어떤 것을 어떻게 발전시켜 나가야 할 것인지에 대한 핵심을 꿰뚫어 봄으로써 자신을 성장시키고 발전시켜 최고가 되게 하는 것' 이다.

기존의 명저였던 [강점 혁명]이나 [강점에 올인하라]라는 책들이 강점에 집중하는 것에만 초점을 맞추어 나온 책들인 반면에, 이 책은 '단순히 강점에 올인 하는 것만을 말하는 것이 아니라, 자기 경영의 측면에서, 가장 잘 자신을 경영하는 방법이 무엇이고, 또한 그렇게 할 때, 가장 큰 효과를 가져다주는 것이 무엇인지에 대해서도 말해 주고 있다는 점에서 이론서보다는 실용서이고, 지침서라고 말 할 수 있다.

그래서 이 책의 자기 경영에서 가장 중점을 두고, 강화시켜 나가고, 경영 시켜 나가고자 초점을 맞추고 있는 것은 바로 자기 자신의 성장과 발전이다. 즉 다시 말해 자기 계발인 것이다. 그러한 자기 계발의 가장 최고의 방법으로 지목하고 있는 것이 바로 강점 경영인 것이다.

그렇기 때문에, 이 책은 강점 경영이 전부가 아니라, 이 책의 주제인 자기 계발의 일부가 바로 강점 경영이며, 이러한 강점 경영은 자신을 경영하는 자기 경영에서 가장 효과적이고, 놀라운 최고의 방법이라는 점을 먼저 말해 주고 싶다.

자기 경영을 통해 우리가 왜 강점에 올인을 해야 하며, 그렇게 했을 경우 어떠한 유익함과 성공을 기대할 수 있는 것인지, 그리고 우리의 삶이 어떻게 달라지며, 우리는 어떤 방법으로 그러한 강점을 발견할 수 있고, 그러한 강점에 집중할 수 있고, 발휘할 수 있는지에 대해서 폭 넓게 살펴 볼 것이다.

## 2. 자기 자신을 무엇보다 정확하게 성찰해 보라.

자기경영의 본질은 자신에게 주어진 자원(재능이

나 소질, 성격과 능력뿐만 아니라, 자기에게 주어진 가정 환경, 사회 환경, 건강, 이웃, 친구 등과 같은 모든 내 외적 조건과 환경)을 가장 잘 활용하여 최고의 자신을 만들어 사회와 국가에 공헌하는 것이라고 할 수 있다.

그렇기 때문에 우리는 이 땅에 태어난 사람이라면, 그리고 자신에게 삶이 주어진 사람이라면, 반드시 어떤 모양으로든 자기 경영을 해야만 하는 것이다.

그러한 자기경영의 방법으로 어떤 이는 공부를 하고, 어떤 이는 예술을 하고, 어떤 이는 경영을 하고, 어떤 이는 스포츠를 하고, 어떤 이는 정치를 하고, 어떤 이는 교사를 하고, 어떤 이는 방송을 하고, 또 어떤 이는 글을 쓰고, 또 어떤 이는 회사를 다닌다.

하지만 모양은 다 달라도 이러한 활동의 본질은 보다 나은 삶을 살아가고, 보다 나은 자기를 만들기 위한 자기 경영의 본질이 숨겨져 있는 것이다. 자기 경영을 가장 잘 한 사람은 자신에게 주어진 자원은 그렇게 많지 않았음에도 불구하고, 최고의 자기를 이끌어 낸 사람들이라고 할 수 있다.

이러한 자기 경영을 가장 잘 할 수 있는 방법은 무엇일까? 무조건 열심히 하고, 무조건 열정을 품고, 무조건 남들이 하는 대로 좋은 대학교에 진학하여, 좋은 학위를 받고, 무조건 좋은 직업이나 직장을 갖는 것일까?

자기 경영을 가장 잘 할 수 있는 방법으로 이 책이 주장하고 있는 것이 바로 강점경영이다.

강점 경영에 대해서 우리들에게 아주 잘 알려진 책인 [강점에 올인 하라]란 책을 보면 아래와 같은 대목이 나오는데. 이것은 강점을 발견하고, 그것에 집중하는 사람들이 그렇지 못 한 사람들보다 얼마나 나은 삶을 살고 있고, 얼마나 나은 자기를 만들어 가고 있는 지에 대해 잘 말해 주고 있다.

그 책이 주장하는 핵심은 강점을 발견한 사람들은 살아가는 것이 절대로 힘들거나 큰 스트레스를 받지 않으면서도 남들보다 몇 십 배 더 탁월한 성과를 창출하며 살아가게 된다는 마법과 같은 이야기이다.

평생 동안 한 번도 강점(strengths)을 집중해 보거나 자신의 강점을 발견해 보지 못 하고 활용해 보지 못한 사람들은 대부분 사는 것이 힘들고 어렵다는 것이다. 그래서 그런 사람들의 입에서는 쉽게 다음과 같은 말들을 들을 수 있다는 것이다.

"모든 일은 힘들게 마련이야!"
"산다는 것은 스트레스를 겪는 일이지!"

하지만 이런 말들이 과연 사실일까? 필자는 이런 말들이 그저 오해를 부르게 되고, 세상을 편협한 시각으로 바라보게 하여 더 힘들고 어렵게 할 뿐이라고 생각한다.

피로나 스트레스는 그 일에 강점을 갖고 있지 않은 사람들에게 더 자주 더 많이 찾아온다는 사실에 필자는 동감을 한다.

강점을 가진 사람은 그 일을 즐기고 신이 나서 할 수

있다. 하지만 그 일에 강점을 갖고 있지 않은 사람들은 즐길 수 없고, 신나게 일을 할 수 없다. 남들보다 훨씬 못하기 때문에 더 많은 시간이 걸리고 더 많이 노력해야 하지만 성과는 더 미비하기 때문이다.

의지력만으로 이것을 극복하는 데에는 한계가 있다. 그래서 그들이 탈진하고 의기소침해지는 것은 시간문제일 뿐이라는 것이다.

언젠가는 " 이제 더 이상 버틸 수 없어!" 라는 말을 자주 내뱉고 마는 사람들이 이런 사람들이다. 하지만 어떤 일에 진정한 강점을 가진 사람은 쉽게 피로해지지 않는다.

예를 들어, " 회계에 강점이 있는 사람은 숫자를 더하고 빼는 것과 같은 단조로운 일을 몇 시간이고 계속할 수 있고, 연기에 강점을 가진 사람은 연기를 몇 시간이고 남들보다 더 많은 에너지로 해 낼 수 있다. 카메라 앞에서 열 시간 넘게 연기하고도 그들을 여전히 사람들 앞에서 웃고 떠들 수 있다."

그렇다. 우리가 자기 경영의 가장 핵심적인 방법으로 강점에 집중해야 하는 이유는 아무리 시간 경영을 잘한다 해도, 강점의 맛을 느껴 본 사람들과는 게임이 되지 않기 때문이다.

시간 경영을 잘 하는 사람은 너무나 잘 정립된 시간 계획에 맞추어 자신을 쉴 새 없이 가동(?)시켜야 한다. 자신을 혹사해야 하는 것이다. 마치 한 치의 오차도 없이 잘 돌아가는 기계처럼 말이다. 하지만 인간은 기계가 아니라, 감정이 있고, 휴식이 필요한 존재이다. 그렇기 때문에, 이러한 이유로 인해, 그리고 장기적인 안목에서 봐도, 시간경영은 보이지 않는 부작용과 문제가 있다고 할 수 있다. 하지만 강점경영은 시간이 흐를수록 더욱 더 빛을 발하게 된다.

모든 사람들의 진정한 비극은 우리가 충분한 시간이 없다는 것이 아니라, 우리가 이미 가지고 있는 시간을 가지고 우리의 강점을 충분히 활용하지 못 하는 데에 있다는 것이다. 심지어 자신의 강점이 무엇인지도 모른 상태에서 자기 경영을 하려고 하는 사람들이 많다는 점이다. 이것보다 더 심한 것은 자신의 강점이 아닌 전혀 다른 것을 가지고 자기 경영을 하고 있는 사람들이다. 이런 사람들에게는 미래가 밝을 수가 없다.

그것은 강점이 아닌 것에는 아무리 많은 물과 양분을 부어 넣어도, 싹을 틔울 수 없는 돌멩이에 불과하기 때문이다. 강점에 집중하는 것은 현재의 크기보다 백 배 혹은 천 배나 큰 나무로 성장할 수 있는 씨앗을 땅에 심고, 물과 양분을 부어 주는 것과 같은 이치이다.

시간 경영은 씨앗을 땅에 심고, 물과 양분을 주는 경우도 있지만, 그것이 씨앗이 아닌 전혀 엉뚱한 것을 땅에 심고, 열심히 시간을 관리하면서 물과 양분을 주는 양상과 다를 바 없다는 점에서 매우 어리석은 경영인 것이다. 그렇기 때문에 자기 경영의 핵심은 시간 경영이 아니라, 강점 경영이어야 한다.

### 3. 자기 경영의 요체는 독특함을 찾는 것이다.

수많은 사람들이 자기경영이라는 말을 한 번쯤은 직접해 본 적이 있거나, 들어본 적이 있을 것이다. 하지만 자기 경영에 대한 정의는 실로 광범위하다고 말 할 수 있다. 어떤 사람은 자기 경영에 대해서, 자신을 잘 관리(self-management)하는 것이라고 막연하게 생각하고 있을 수도 있다.

혹은 어떤 사람은 여기서 좀 더 나가서, 자기 경영에 관한 책들을 접해본 경험이 있는 사람이라면, 대개 자기경영이란 것의 핵심이 곧바로 성공적인 시간경영에 달려 있다고 생각하는 사람들이 적지 않다.

그 이유는 현재까지의 자기 경영 도서들이 모두 자기경영의 핵심을 시간 경영에 두고 있기 때문이다. 하지만 이 책에서는 자기 경영의 핵심이자 요체를 자신의 강점 경영에 두고 있다.

그 이유는 무엇일까? 왜 그러한 차이가 존재하게

되었을 까?

이 책에서 말하고 있는 자기 경영은 자신의 강점을 발견하고, 그것에 집중하여, 자신의 강점을 최대한 발휘할 수 있도록 해 주는 전략이라는 점에서 기존의 다른 도서들이 주장하는 자기 경영과는 너무나 큰 차별성이 존재 한다.

그래서 기존의 자기 경영의 예를 보면, TV 시청을 줄이고, 하루 30분씩 영어 공부를 하고, 담배를 끊고, 매일 아침 조깅을 하도록 계획을 세우고, 실천하고, 반성하는 PLAN-DO-SEE (계획을 세우고, 실천하고, 반성하는 것)와 같은 전략을 핵심 전략으로 내 세우고 있다라고 말 할 수 있다.

이렇게 자신의 삶을 관리하고 경영하여, 보다 나은 삶을 살 수 있게 되는 자기 경영 또한 매우 중요하고 유익한 자기경영이라고 할 수 있다. 왜냐하면, 이런 자기 경영을 실천하는 사람들은 최소한 평균 이상의 삶을 영위해 나갈 수는 있기 때문이다. 하지만 죽도록 일해야 하고, 죽도록 자신을 혹사시켜야 한다는 사실도 간과해서는 안 된다.

즉 자신이 죽도로 일하고, 자신을 혹사시키는 만큼, 그 만큼 더 행복해 질 수 있고, 성공할 수 있는 자기 경영에 불과 하다는 점도 알아야 한다. 하지만 이 땅에서 정말 위대한 성공을 거둔 사람들이 이러한 시간 경영 위주의 자기 경영을 통해, 위대한 성공을 거머쥐었을 까? 라는 질문을 우리는 해 봐야 한다.

필자는 이러한 질문에 대해, 그것은 절대 아니라고 생각한다. 위와 같은 시간 경영 위주의 자기 경영은 약간 좋은 삶을 살 수 있게 해 주는 약간 좋은 전략에 불과하다는 것이다. 그것 이상의 삶을 살 수 있게 해 주는 것은 절대 아니다.

시간 경영 위주의 자기 경영의 한계점은 방향성이 없다는 것이다. 허공을 향해 주먹질을 하고, 화살을 쏘는 것과 같다. 아무리 부지런하게, 열심히 일을 해도 아무 방향성이 없이 남들이 시키는 대로, 혹은 남들이 하는 대로, 따라 하다 보면, 자신이 왜 이것을 하는 지, 그리고 무엇을 위해 자신이 살아왔는지 회의를 느끼게 되고, 심한 혼란을 겪게 된다.

물론 열심히 살면, 어느 정도의 삶을 유지할 수 있다. 하지만 그것이 전부다. 그리고 아무리 좋은 목표와 목적을 설정한다고 해도, 그것은 참 된 인생의 방향성을 제공해 줄 수 없다. 그 목표와 목적이 자신의 내부가 아닌, 외부로부터 흘러 들어온 것에 불과하기 때문이다.

그래서 열심히 설정한 목표를 성취하고, 목적지에 힘겹게 도달했음에도 불구하고, 인생이 비틀거리고, 허무하고, 불행하다는 점을 느끼는 이유가 바로 이것이다. 그래서 성공을 해도, 행복하지 않는 사람들이 많은 것이며, 부자가 되어도, 부자로 살지 못 하는 것이다.

이 책에서 제시하는 자기 경영은 자신의 강점을 발견하고, 그것에 집중하여, 그것을 최대한 발휘함으로써, 무엇보다 자신의 삶을 드높이고, 자신의 가치와 삶의 의미를 인식하고, 자신의 존재 목적까지도 제대로 이해할 수 있게 해 주는 전략이고, 이 사회에 자신의 강점을 통해 공헌할 수 있도록 자신의 강점을 극대화하는 그런 유익한 전략이다.

그래서 인생의 방향성이 잘 정립이 되고, 삶의 목적과 이유가 잘 인식되는 그러한 전략이라고 할 수 있다. 타인의 삶과 성공과 같은 외부에서가 아닌, 오롯이 자신의 내면에서부터 뿜어져 나오는 삶의 목표와 목적을 발견할 수 있게 되기 때문에 많은 유익들이 이러한 강점 경영에는 존재하는 것이다.

4. 시간 경영으로는 절대 위대해 질 수 없다.

시간경영 위주의 자기 경영을 PLAN-DO-SEE라고 말 할 수 있다면, 강점 경영 위주의 자기 경영은 DISCOVER-CONCENTRATE -DEMONSTRATE(자신의 강점을 발견하고, 집중하고, 발휘하는 것)와 같은 새로운 전략이라고 말 할 수 있다.

l 기존의 시간 경영위주의 자기 경영: PLAN-DO-SEE(PDS)

l 새로운 강점 경영위주의 자기 경영: DISCOVER-CONCENTRATE-DEMONSTRATE(DCD)

이런 점에서 기존의 자기 경영 전략과 매우 큰 차이가 있는 것이다.

무엇보다 기존의 시간경영의 자기경영전략은 자신에게 집중하는 것이 아니라, 자신의 외부적인 것, 즉 계획과 시간, 목표에 집중하는 전략이라면, 이 책에서 제시하는 자기경영전략은 계획과 시간과 같은 외부적인 것에 집중하는 것이 아니라, 내부적인 요소인 바로 자기 자신에게 집중하여, 자신의 강점을 최대한 발휘할 수 있도록 해 주는 전략이라고 말할 수 있다.

이것이 바로 자신의 강점에 집중하는 강점경영이 시간 경영과 다른 차별성 중에 하나라고 말할 수 있다.

강점경영을 토대로 한 자기 경영전략은 아무리 1만 시간의 법칙대로 노력을 해도, 그 분야에서 재능을 가지고 있는 사람에게는 절대 이길 수 없다는 만고불변의 진리와 사람은 누구나 다 다르며, 반드시 한 가지 재능을 가지고 있다는 사실에 입각한 생존 전략이며, 성공 전략이다.

다시 말해, 자신의 강점이 그 분야인 사람과 자신의 강점이 그 분야가 아닌 사람이 동일하게 똑같은 노력을, 똑 같은 1만 시간 동안 했다면, 그 결과는 어떨 까? 라는 생각을 해 보면, 아무리 시간 관리에 뛰어난다 해도, 자신의 강점이 그 분야가 아닌 경우라면, 평균 이상은 될 수 있을지 몰라도, 세계 최고가 될 수 없다는 사실에 대해 우리는 공감을 할 것 이다.

박 지성 선수나 김연아 선수가 각각 축구와 피겨 스케이팅에 강점이 있었기 때문에, 노력한 만큼 세계 최고의 선수가 될 수 있었다는 사실을 우리는 알아야 한다.

이 세상에 축구 선수는 매우 많고, 심지어 박 지성 선수보다 더 열심히 그리고 더 오랫동안 노력을 한 선수들, 즉 1만 시간의 법칙을 초과하여, 10만 시간의 법칙을 준수하고 있는 축구 선수들도 굉장히 많지만, 그렇다고 그들 모두 세계적인 축구 선수가 되는 것은 아니라는 점이다.

아무리 시간을 잘 경영하여, 남들보다 2배 3배 더 많은 노력과 시간을 투자한다 해도, 투자한 만큼 결실이 나오지 않는 경우가 더 많다는 사실은 자신이 가지고 있는 강점과 그 투자하는 분야가 일치해야 더 큰 결실이 나올 수 있다는 점을 시사하고 있는 것이다.

이런 점이 강점 경영이 근간이 되는 자기 경영을 이 책에서 역설하는 이유이기도 하다. 자신의 강점에 집중하여, 다른 성공의 법칙과 결부될 때, 더 큰 시너지 효과가 발생한다. 그렇기 때문에, 자신의 강점에 집중하면서, 그것에 열정과 혼을 심고, 그 강점에 토대를 둔 꿈을 시각화 하고, 1만 시간의 노력을 한다면, 반드시 성공할 수 있다고 감히 말할 수 있는 것이다.

다시 말해, 누구나 다 1만 시간의 법칙을 준수한다고 해서 성공할 수 있다고 말할 수는 절대 없다. 하지만 자신의 강점을 제대로 발견한 사람이, 자신의 강점에 집중하여, 1만 시간의 법칙을 준수한다면, 그 사람은 반드시 그 분야에서 성공할 수 있다고 장담할 수 있다는 것이다.

[지력혁명]의 저자인 문용린 서울대학교 교수는 사람은 누구나 다양한 지능을 갖고 태어나기 때문에, 그 지능을 잘 발달시켜 나가는 것이 바로 성공한 삶이라고 주장하면서, 성공의 가장 큰 비결은 자신의 강점을 분명히 인식하는 데서 시작된다고 말한다.

" 성공의 가장 중요한 비결은 자신이 남과 어떻게 다른지 빨리 파악하고 그 차이를 최대한 활용하는 데 있다. 성공한 사람들은 자신의 약점은 축소하고 강점을 활용하는 데 관심과 노력을 집중한다. 프로이트도 처음에는 신경학 분야에서 그리 큰 성공을 거두지 못했지만 자신의 강점을 분명하게 재인식한 후 다른 사람보다 우위에 설 수 있는 심리학으로 방향을 전환했다. 이렇듯 강점을 잘 활용하면 자신의 영역에서 성공 목록을 더욱 늘릴 수 있다. 신경숙은 자신의 언어지능과 자기성찰지능을 발전시켜 작가로서 성공했고, 간디는 동양과 서양의 사상을 조화시킨 독특한 사회 운동 방식을 창조해 냈다. 이렇듯 자신의 강점을 활용하면 지금까지 그 누구도 생각하지 못했던 성공의 길을 찾을 수 있다."

< 문용린 교수의 [지력혁명] 231쪽 중에서>

결국 문용린 교수의 말은 평범한 사람들이라도 자신의 강점을 발견하고, 그것을 최대한 활용하면 비범한 성취가 가능하다는 의미이다. 당신이 가진 최대의 강점이 무엇인가? 그것을 발견하여, 그것을 최대한 활용할 줄 안다면 당신의 성공은 이미 이루어진 것과 다를 바 없다. 왜냐하면 그것이 바로 참 된 성공이기 때문이다.

5. 자기 경영은 위대한 자신이 되는 것이다.

" 자기 경영을 할 수 없는 사람은 다른 사람을 경영할 생각도 하지 마라."

아테네의 철학자 소크라테스의 이 말처럼 자기 경영은 모든 경영의 근본이 되는 것이다. 자기 경영이 이처럼 중요한 이유는 인간은 모두 엇비슷하게 태어나지만 어떻게 자신을 성장시켜 나가느냐에 따라 달려 있다고 나는 생각한다.

인간은 평등하게 태어났다. 하지만 청춘의 시절에 무엇이 되고자 하는가에 따라서 평등의 균형은 깨어지게 된다. 자기 자신이 되고자 하는 사람은 자신을 드높일 수 있는 기회를 얻게 된다. 하지만 타인이 되고자 하는 사람은 그 기회를 스스로 버리게 되는 것과 같다. 최고의 작품은 자기 자신이 되는 것이기 때문이다.

인간은 평등하다. 그리고 청춘도 평등하게 주어진다. 그러나 인생의 중년부터는 청춘의 시기에 얼마나 자기 자신이 되었느냐에 따라 불평등하게 주어진다. 이 사실을 명심해야 한다. 그래서 청춘 혁명이 필요하다.

청춘의 시기에 혁명과 같은 혁신을 하지 않았던 청춘은 중년의 삶부터 불평등을 맛보게 된다. 하지만 청춘의 시기에 혁명과 같은 혁신을 한 청춘은 중년의 삶부터 평등 이상의 삶을 맛보게 된다. 바로 심은 대로 거두는 것이 세상의 법칙이며 자연의 법칙이기 때문이다.

유유상종이란 법칙이 있다. 이것은 같은 것끼리 서로 끌어당기게 되는 법칙이다. 청춘의 시기에 자신의 혁신을 통해 자신을 최고로 만들지 않고, 삼류로 머물게 한다면, 그의 중년의 삶은 삼류의 것들로만 가득 차게 된다.

삼류인 자신이 삼류의 것들만 불러들이기 때문이다. 하지만 청춘의 시기에 가장 자신다운 자기를 만들어 간다면, 최고가 될 수 있다. 이렇게 최고가 된 사람주위에는 최고만이 모여 든다. 최고가 최고를 불러들이기 때문이다.

자신이 올바르고 착하다면, 자신이 만나는 사람들도 모두 착한 사람들이 모이게 되어 있다. 착한 것이 착한 것을 부르기 때문이다. 하지만 자신이 사기꾼이라면, 반드시 사기꾼들이 몰려들게 되어 있다. 그래서 사기꾼들 주위에는 사기꾼들만 있는 것이다.

뛰어난 학자들 주위에는 뛰어난 학자들만 있고, 부자 주위에는 부자들만 있게 되는 것이다. 굳이 그렇게 하려고 한 것은 아니지만, 유유상종의 법칙은 엄연히 존재하는 법칙이다.

자기 경영은 자신을 먼저 최고로 만들고, 일류가 되게 하는 법칙이다. 그렇게 하면 당연히 이 세상의 최고의 것들이 자신에게 몰려들게 되어 있기 때문이다. 그렇기 때문에 성공이나 돈에 집착하지 않아도, 돈과 성공이 모여 들게 되는 것이다.

왜 이 책에서는 자기경영이라는 용어를 굳이 사용하

여, 강점경영에 초점을 맞추고 있는 것일까? 굳이 그 말을 사용해야 하는 이유가 있는 것일까? 있다면 그것은 무엇일까?

그것은 자신의 강점을 발견하고, 집중하고, 활용하는 일련의 행동이 바로 경영이란 용어의 현대적 의미와 가장 맞아 떨어지기 때문이다. 즉 가장 알맞은 용어이기 때문이다.

현대 경영학의 창시자인 피터 드러커 박사는 경영이란 이제 더 이상 기업의 전유물이 아니며, 경제학자나 기업가들만이 하는 것이 아니라는 사실에 동의했다.

" 경영은 행동과 적용이다. 그 성공 여부는 결과에 의해 판정된다. 그것이 바로 경영을 하나의 기능으로 인식하는 이유이다. 동시에 경영은 인간에 관한 것으로서 인간의 가치관 및 성장과 발전에 관계된 것이다. 그런 의미에서 경영은 인문학이기도 하다."

이런 의미에서 그는 " 경영은 이제 일반교양이다."

라고 단언하기 까지 했다. 현대 경영학의 창시자가 말한 일반교양이며, 인문학이며, 인간의 행동과 적용인 바로 그 경영을 우리는 자기 자신의 강점을 대상으로 하여, 자기 자신에게 적용 하고자 하는 것이 이 책이 주장하는 자기 경영의 요체인 것이다.

자신을 경영한다는 것은 누구나 다 해야만 하는 것이라는 사실을 피터 드러커 박사는 중년 위기와 결부시켜 잘 설명해 준다.

“ 오늘날 최고경영자의 ‘중년위기(mid-life crisis)에 대해 말들이 많다. 이것은 대부분 권태의 결과이다. 왜냐하면 중년인 45세 정도가 되면, 대부분의 최고경영자(CEO)들은 그들의 기업 경력으로 보면 정상에 도달한다. 또한 자신도 그 사실을 너무 잘 알고 있다. 같은 종류의 일을 20년이나 해온 뒤라 그들은 자신의 일에 능숙하다.

그러나 그들은 더 이상 아무것도 배우지 않고 있다. 어떤 것에도 더 이상 기여하지 않고 있다. 그리고 그들은 자신의 직무가 또다시 도전의 대상이 되거나 만족의 대상이 될 것으로 기대하지 않는다. 하지만 이것은 매우 큰 불행을 자초하게 된다.

지식근로자가 30세가 될 무렵, 그렇게도 도전적이었던 그들의 최초의 과업은, 그가 50세쯤이 되면, 죽을 맛이 날 정도로 지겹게 느껴지고 만다. 하지만 그들은 70세 까지도 거뜬하게 일할 수 있는 데도 말이다. 그러므로 자기 자신을 경영한다는 것은 점점 더 자신의 인생 후반부를 스스로 준비해야 한다는 것을 의미한다.” < 공병호, [공병호의 자기경영노트], 30쪽에서 발췌 >

자기 자신을 경영한다는 것은 결국 자신의 인생을 준비한다는 것이다. 그리고 그것은 다른 말로 위대한 자신이 된다는 것이다. 그리고 그것은 독특함을 갖춘다는 것이다. 그것도 최고가 되기 위해, 그리고 최고의 삶을 살기 위해서 말이다.

그리고 이 책에서 주장하는 자기 경영은 이것보다 좀 더 확장시키고, 나아가서, 자신의 강점을 강화시켜, 자신의 인생을 최고의 인생으로 만들어 나갈 수 있는 최고의 전략이다.

6. 자기 자신이라는 핵심 가치에 집중하라.

공병호 씨는 자신의 저서인 [공병호의 자기경영노트]란 책을 통해, 집중과 선택의 중요성에 대해 80/20 법칙으로 설명하고 있다. 즉 자신이 인생에서 중요한 핵심들 중에 20%의 핵심에 집중함으로써 80% 이상의 효과를 얻게 되는 공병호식 자기경영법에 대해 말하고 있다.

그는 개개인 자신이 가진 자원을 어떻게 효과적으로 활용할 수 있을 것인가를 고민하게 된다면, 이것은 당연히 자기 경영에 속하게 된다고 한다. 자기 경영은 피터 드러커의 말처럼, 자신에 대한 행동과 적용이며, 그 결과는 성과에 의해 판정되기 때문이다.

그는 핵심적인 투입물 20%가 당신의 성공의 성과물의 대부분을 결정한다는 80/20 법칙을 이론적 토대로 삼아, 시간, 지식, 건강, 행복, 인맥이라는 핵심 가치에 집중하라고 주장한다. 이것이 바로 공병호식 자기경영이다. 그는 '자신을 어떻게 경영할 것인가?' 라는 주제에 대해, 핵심 가치 20%에 집중하여, 자신의 인생을 경영하라고 주장하고 있다.

이 책에서는 시간 경영, 행복 경영, 건강 경영, 인맥 경영, 지식 경영과 같은 핵심 가치에 집중하는 공병호식 자기경영이 아니라, 자기 자신의 강점에 집중하는, 이른바 '자신의 강점에 집중하라' 라는 강점 경영에 대한 자기 경영에 대해 말하고 있다는 점에서 차이가 있다.

즉 다시 말해, 공병호식 자기경영이 미처 발견하지 못 한 핵심 가치 중에서도 가장 핵심 가치인 자기 자신의 모든 것이라고 할 수 있는 자기 자신의 강점에 집중하게 해 주고, 그것을 발견하고, 계발시켜, 최대한 그것을 발휘할 수 있도록 해 준다는 점에서 '강점 경영' 은 자기경영의 마지막 버전이며, 가장 마지막 단계의 경영 전략이라고 할 수 있다.

그 이유는 공병호식 자기경영인 시간 경영, 행복 경영, 건강 경영, 인맥 경영, 지식 경영을 통해 얻을 수 있는 인생의 성공보다 강점 경영을 통해 얻을 수 있는 인생의 성공이 보다 더 강력하고, 탁월하고, 고상한 차원의 것이기 때문이다. 즉 전자는 잘 살기 위한 전략이라면, 후자는 잘 사는 것을 뛰어넘어 위대한 삶을 살기 위한 전략이라고 할 수 있기 때문이다.

" 이 세상에서 가장 중요한 것은 자기 자신이 되는 방법을 아는 것이다."

라고 말한 미셸 드 몽테뉴의 말처럼, 우리가 인생을 살 때 가장 중요한 것은 남들보다 더 큰 성공을 하는 것이 아니라, 자기 자신이 되는 방법을 아는 것이고, 자기 자신의 길을 가는 것이다. 그의 말대로라면, 자신의 고유한 특성인 자신만이 잘 할 수 있는 강점을 발견하고, 그것을 강화시켜 감으로써 더욱 더 자신답게 살아가는 강점 경영은 이 세상에서 가장 중요한 것을 하도록 조력해 주는 전략인 것이다.

철학자 프리드리히 니체는 우리가 우리 자신의 강점을 발견하고 집중해야 하는 이유에 대해 다음과 같이 말하고 있다.

" 진정 위대한 삶은 빙하와 같은 삶이다. 빙하는 산을 뚫고, 앞을 가로막는 모든 것을 파괴하며 나아간다. 하지만 빙하가 지나간 자리에는 머지않아 풀과 야생화, 그리고 나무가 다시 자라난다. 위험한 길이 아름답고 파릇파릇한 계곡이 된다. 비옥한 흙이 있고, 시내가 넘쳐흐르며 생명이 솟구치는 그런 계곡 말이다."

니체가 말한 위대한 삶은 빙하와 같이 천편일률적인 사회에서 자신을 부인하고 억제하면서 타인의 삶과 같아지려고 노력하는 정형화되고, 규격화된 방식을 뚫고, 파괴하며 나아가는 삶이라고 할 수 있으며, 이러한 빙하와 같은 삶은 다른 말로 하자면, 타인의 생각이나 성공 제일주의나 물질 만능주의와 같은 사회의 풍조와 가치관을 탈피하여, 자신의 강점에 집중하고, 그것을 토대로 하여 자신의 길을 개척해 나가는 삶이라고 할 수 있다.

" 우리 뒤에 있는 것, 우리 앞에 있는 것은 우리 안에 있는 것에 비하면 아주 사소한 것들이다."

라고 말한 랄프 왈도 에머슨의 말처럼, 우리 앞에 놓여 있는 장애물과 우리를 억압하고 있는 모든 것들은 우리 안에 있는 우리의 강점에 비하면, 아주 사소한 것들에 불과하다. 우리가 우리 안에 있는 강점을 발견하고, 그것에 집중하기만 한다면, 더욱 더 그렇다.

그러므로 우리가 인생의 많은 장애물을 뚫고, 앞으로 나아가며, 우리의 인생길을 개척해 나가고자 한다면, 반드시 강점에 집중해야 하는 것이다.

하얏트 호텔에 아트리움 양식을 도입한 세계적인 건축가인 존 포트만은 자신의 강점에 집중함으로써 성공을 거둔 인물이다.

그는 중학교 시절 기술 시간에 배운 설계에 매료되

어, 그 때부터 온통 설계에 대한 상상으로 가득 찬 삶을 살았다. 그는 학교 공부를 하지 않고, 거의 하루 종일 건물을 스케치하는 일에 몰두하는 경우가 많았다.

그는 대학교 진학보다는 기술 과목을 가르치는 실업계 고등학교를 선택할 정도로 그에게는 건축 설계 외에는 다른 것이 보이지 않았던 것이다. 급기야는 고등하교에서 건축과 설계 과목만 배우고, 다른 과목은 수강하지 않을 정도로 자신의 강점에 오롯이 집중한 사람이었다. 그러한 강점에 집중한 결과 세계적인 건축가가 될 수 있었던 것이다.

그가 만약에 한국 사회처럼 여러 분야의 많은 공부를 골고루 해야만 하는 나라에 태어났더라면, 어떤 삶을 살았을 까? 아마도 세계적인 건축가로 성장하기 위해서는 넘어야 할 산이 너무나 거대했을 수도 있었을 것이다.

그 결과 세계적인 건축가는 탄생하지 않았을 수도 있었을 것이다. 아무리 재능이 뛰어나도, 강점을 발견하고, 집중하지 않는 다면, 그 강점은 빛을 내지 못 하기 때문이다. 특히 한국사회의 교육처럼 획일화된 교육 시스템은 너무나 많은 강점들을 살리지 못 하고, 죽이는 결과를 양산해 내고 있다는 사실을 깨닫고, 지금이라도 개선을 위해 노력해야 한다.

## 7. 인생을 바꾸고 싶다면 독특함에 집중하라.

" 돼지에게 노래하는 방법을 가르치려 들지 말자. 돼지를 힘들게 할 뿐이다. "

라는 속담이 있듯이 인생을 바꾸고 싶다면 무엇보다 강점에 집중해야 한다. 강점에 집중하는 것은 자신의 약점이라는 감옥에서 벗어나야 한다. 마음 감옥에서 벗어나 강점이라는 배를 타야 한다. 그것이 새로운 인생이라는 항구에 도달 할 수 있는 유일한 방법이다.

청춘 혁명은 우리에게 새로운 삶을 살 수 있게 해 준

다. 인생을 바꿀 수 있게 해 준다. 그것은 청춘이기에 가능하며, 혁명이기에 가능하다. 하지만 여기에는 무엇보다 강점이라는 핵심 요소를 누락시켜서는 안 된다. 아무리 청춘 혁명을 한다고 해도, 강점에 집중하지 않고 시도한다면 십중팔구 실패할 공산이 크기 때문이다.

청춘은 인생을 바꾸라고 신이 주는 황금의 기회이고, 황금 날개이다. 푸른 하늘을 마음껏 날 수 있도록 우리는 청춘이라는 황금 날개를 부여 받았다. 자, 이제 이 황금 날개를 가지고 하늘을 마음껏 날아 보자. 그렇게 하는 것은 자신이 부여 받은 황금 날개로 나는 연습을 하여, 하늘을 나는 것이다.

그것은 갓 태어난 새의 새끼들이 본능적으로 나는 연습을 하여, 날게 되는 것처럼 우리는 본능에 따라 우리에게 나는 것으로 부여된 우리의 강점을 발견하고, 강점을 통해 날아오르는 연습을 완성해야 하는 것이다.

인생을 바꾼다는 것은 날지 못 한 인생이 황금 날개를 통해 날아오르게 되는 것을 말한다. 하늘로 날아오르기 위해서는 반드시 날개를 이용해야 한다. 좋은 머리나 튼튼한 다리로는 아무리 노력해도 날 수 없듯이, 우리의 인생에 있어서도 반드시 우리에게 부여된 날개인 강점에 집중해야 한다. 그것이 강점 경영이며, 자기 경영이며, 청춘 혁명이다. 그래서 약점인 다리나 좋은 머리에만 집중할 경우에는 절대 날 수 없는 이유인 것이다.

시간 관리를 아무리 철저하게 하고, 아무리 엄격하게 노력을 하고, 열정을 불 태운다고 해도, 그 대상과 방향이 잘못 되었다면 절대로 우리는 성공할 수 없다는 사실을 알아야 한다. 심지어 노력을 아무리 해도 약점에 집중하면 우리는 절대 최고가 될 수 없고, 아무리 연습을 해도 완벽해 지지 않는 다. 그리고 아무리 도전을 해도 성공할 수 없다. 왜냐하면 약점에 집중한다는 것은 우리에게 더 큰 능력이 될 수 있는 강점과 우리의 특성을 무시하는 행위이기 때문이다.

이러한 점을 그 어떤 책보다 잘 설명하고 있는 책인 [강점에 올인하라] 라는 책을 우리는 주목해야 한다. 도널드 O. 클리프턴과 폴라 넬슨이 쓴 책인 이 책에는 다음과 같은 중요한 교훈이 될 만한 이야기가 담겨 있다. 그 이야기를 간단하게 소개 하면 이렇다.

어네스트 헤밍웨이와 윌리엄 포크너는 미국을 대표하는 작가이다. 그들은 영문학사에서 결코 사라지지 않을 명작들을 남겼을 만큼 누가 뭐라고 해도 대단한 작가들이고 위대한 작가들이다. 하지만 그들의 대단한 명성에도 불구하고 그들은 문법상의 실수를 많이 저지른 것으로 유명한 작가들이다. 심지어 일반인도 틀리지 않는 쉬운 단어의 철자를 잘못 쓰는 경우도 많았다는 것이다.

하지만 그들의 명성에 이러한 사실은 절대로 그 어떤 해가 되지 않는 다는 것이다. 국어학자나 문법학자들만큼 문법을 잘 알고 있고 틀리지 않는 사람들도 없다. 하지만 이런 사람들이 글을 잘 쓰는 것은 아니다. 글을 쓴다는 것과 국어에 대한 지식이나 문법에 대한 철저한 지식을 많이 가지고 있고, 철자를 완벽하게 알고 있다는 것은 전혀 다른 세계이기 때문이다.

헤밍웨이와 포크너는 자신의 오류, 즉 약점에 집중

하지 않았다. 그래서 그들이 위대한 작가가 될 수 있었던 것이다. 그들은 직접 그러한 오류를 고치지 않았다. 그것은 충분히 교정과 편집을 담당하는 사람들이 할 수 있는 일이기 때문이다. 사실, 다른 많은 작가들도 교정자와 편집자의 도움을 받는다. 실제로 편집자들은 반드시 글이 반짝반짝 빛이 나게 윤문을 해 주고 문법이나 철자를 교정 교열 해 준다.

위대한 작가는 문법이나 철자를 하나도 틀리지 않는 작가가 아니라, 자신의 풍부한 체험과 상상력을 얼마나 글로 잘 옮겨 적어서 독자들에게 감동을 주는 데에 큰 강점을 가졌느냐에 의해 결정된다. 문법이나 철자법에 강점이 있는 사람이 위대한 작가가 되는 것은 절대 아니다.

위대한 작가가 되려면 사람들의 영혼을 사로잡는 감성을 다듬고 또 그것을 막힘없이 풀어놓는 표현력을 길러야 한다는 것이다. 즉 무엇을 하든 강점에 집중해야 위대해 질 수 있다는 것이다.

이것처럼 사람들은 오직 자신의 약점이 아닌 강점을

통해서만 최고의 능력을 발휘할 수 있다. 약점이 있는 분야에서는 아무리 노력을 해도, 최고가 될 수 없고, 약점이 있는 분야에서는 아무리 연습을 거듭해도, 완벽해 질 수 없다. 그리고 약점이 있는 분야에서는 아무리 도전해도 성공할 수 없다. 하지만 강점이 있는 분야에서는 노력하면 충분히 최고가 될 수 있고, 강점이 있는 분야에서는 연습을 거듭하면 누구보다 빨리 완벽해 질 수 있다. 이것이 약점과 강점의 차이인 것이다.

그래서 '돼지에게 노래하는 방법을 가르치려 들지 말라. 돼지를 힘들게 할 뿐이다." 라는 속담이 있는 것이다. 타이거 우즈에게 축구 연습을 아무리 시킨다 해도, 박 지성처럼 위대한 축구 선수가 될 수 없을 것이다. 김연아 선수에게 수영 연습을 아무리 시킨다 해도, 절대로 올림픽에서 금메달을 따지는 못 할 것이다. 박 세리 선수에게 아무리 피겨 스케이팅 연습을 시킨다 해도, 절대로 김연아 선수가 될 수 없을 것이다. 왜냐하면 각자의 강점이 그 분야가 아니기 때문이다. 무엇보다도 탁월한 수준에 이르는 최고의 비결은 강점에 집중하는 것이기 때문이다. 강점 이론(strengths' theory)이란 강점을 강화하여 약점까지 커버하는 것을 말한다. 이 말은 도널드 O. 클리프턴과 폴라 넬슨의 저서인 [강점에 올인하라]에 소개 되어 있다.

중국은 우리나라와 더불어 탁구 최강국이다. 1984년 로스앤젤레스 올림픽에서 금메달을 딴 중국 팀의 코치에게 중국 팀의 훈련 비결은 무엇인지에 대해서 물었다. 그런데 그 코치의 대답이 매우 특이했다.

" 하루에 여덟 시간씩 강점을 강화합니다." 라는 것이었다.

" 강점을 강화한다고요? 좀 더 구체적으로 말씀해 주십시오."

기자는 강점을 강화한다는 말이 무슨 의미인지 몰라서 재차 물었던 것이다.

" 우리의 전략은 강점을 강화하여 약점까지 커버하는 것입니다. 우리 팀의 에이스를 보십시오. 그 선수는 포핸드에 강한 반면에 백핸드에 약합니다. 하지만 백핸드를 보완하는 대신, 포핸드를 더욱 강하게 하는 훈련을 계속했습니다. 그가 백핸드에 약점이 있다는 사실은 상대방 선수들도 다 압니다. 그렇지만 포핸드가 워낙 강력하기에 아무도 그의 약점을 공략하지 못하는 것입니다."

이 이야기가 바로 강점 이론의 요체인 강점을 강화하여, 약점까지 커버하라는 성공 전략의 핵심을 잘 보여주는 이야기인 셈이다. 우리가 중국 팀이라면, 아마도 보통 약점인 백핸드에 적어도 4 시간 정도는 보강하고, 나머지 4 시간을 강점인 포핸드를 강화하는 연습을 할 것이다. 하지만 중국 팀은 오직 강점에만 집중함으로써, 그 결과 금메달을 딸 수 있었다.

이러한 강점 이론은 사람뿐만 아니라, 기업과 국가, 조직에도 그대로 적용이 된다. 적자가 나는 분야와 수익이 나는 분야가 있다면, 적자를 막으려고 하기 보다는 수익이 나는 분야에 더욱 집중함으로써 수익을 극대화 하게 되면, 나중에 그 수익으로 적자가 나는 분야를 지원해 줄 수 있지만, 적자가 나는 분야에 집중하게 되면, 수익 극대화를 가져 올 수 없기 때문에, 수익이 나는 분야에서도 수익이 충분히 나지 않게 된다.

바로 이것이 강점에 집중해야 하고, 약점에 집중하면 안 되는 이유인 셈이다.

8. 약점은 결코 자신을 성장시킬 수 없다.

우리가 아무리 강점을 가지고 있다 해도, 꼭 필요할 때, 자신의 강점을 믿지 않고, 자신이 할 수 있다는 사실을 믿지 않는 다면, 그러한 강점이 아무리 큰 강점이라도 무용지물이 되고 만다. 중요한 것은 자신을 믿고, 강점을 활용하는 것이다.

자신을 믿는 것이 왜 중요할 까? 자신을 믿는 것이 자신의 강점을 발휘하는 것의 가장 큰 원동력이 되기 때문이다. 자신을 믿지 않는 다면, 절대로 자신의 강점을 발휘할 수 없기 때문이다. 이러한 사실을 잘 보여주는 사례가 바로 다음의 이야기들이다. 이 이야기들은 벼룩과 코끼리, 그리고 피라니아에 대한 이야기이다.

남아메리카에 사는 육식성 민물고기인 피라니아(piranha)를 수조 속에 넣고, 그 중간에 투명한 유리판을 넣어서 중간을 막고, 반대편에 먹이를 넣어 놓으면, 처음에는 먹이를 먹기 위해, 전 속력으로 투명한 유리판을 향해 돌진한다. 하지만 곧 투명한 유리판에 부딪혀, 머리에 상처를 입고, 아픔을 느끼게 된다.

하지만 피라니아는 쉽게 포기하지 않는 다. 보이지 않는 유리판을 향해 돌진하고, 또 돌진하는 것이다. 하지만, 결국에는 자신들이 그 중간 지점을 통과하지 못 한다는 사실을 알게 되고, 아무리 먹이가 있다 해도, 피라니아는 그 지점을 통과하려고 하지 않는 다.

중간에 투명한 유리판을 치워도, 피라니아는 절대 그 중간 지점을 통과하지 않고, 평생 산다고 한다. “ 나는 이것밖에 안 되는 존재야. 나는 더 이상 이 지점을 통과

할 수 없어, 포기해야 돼" 라고 말하는 것처럼 보인다. 눈에 보이지 않는 과거의 실패가 약점으로 작용하여, 피라니아의 도전과 시도하는 행동을 가로 막고, 더 이상 나아가지 못 하게 하는 것이다.

이러한 경우는 벼룩도 마찬가지이다. 오히려 몸길이가 2~4mm 정도인 벼룩의 경우는 더욱 더 심하다. 벼룩을 잡아서 통 속에 넣고, 그 위에 유리판을 놓아두면, 처음에는 벼룩들은 자신이 그 높이 보다 훨씬 더 높이 뛸 수 있다는 것을 잘 알고 있기 때문에, 유리판에 수 없이 부딪히면서도 계속해서 뛰어 오르지만, 며칠이 지나면, 그 유리판을 치워도, 절대로 그 유리판 높이 이상으로는 뛰지 못 하게 된다.

더 이상 도전을 할 수 없게 되어 버리는 것이다. 실제로 유리판은 없어졌다 해도, 마음속의 유리판이 영원히 벼룩으로 하여금, 훨씬 더 높이 뛸 수 있음에도 불구하고, 뛰지 못 하게 가로 막고 있는 것이다. 과거에 자신도 모르는 이유 때문에, 뛰지 못 했던 그 실패의 경험들이 약점으로 작용하여, 자신의 행동에 제약을 주기 때문이다.

코끼리의 경우는 더욱 더 심하다. 코끼리는 다른 동물들보다 훨씬 더 힘이 세기 때문에, 말뚝에 발목이 묶여 있어도, 충분히 마음만 먹으면, 말뚝을 뽑아 버릴 수도 있고, 발목에 묶여진 줄을 끊어 버릴 수도 있다. 하지만, 안타깝게도 불이 나게 되면, 코끼리는 이상하게도 도망갈 수 있음에도 도망가지 못 하고, 말뚝에 발목이 묶여 있는 채로, 불에 타 죽는 다고 한다.

그 이유는 코끼리가 처음 태어나서 새끼 코끼리였을 때, 말뚝에 줄을 매고, 그것으로 발목을 묶여서 도망가지 못 하게 한다. 그 때는 코끼리가 새끼이기 때문에, 말뚝을 뽑거나, 줄을 끊을 힘이 없다. 그래서 처음에는 엄청난 시도를 해 보지만, 결국 말뚝을 뽑을 수 없다는 것과 줄을 끊을 수 없다는 사실을 깨닫게 된다. 그렇게 새끼 코끼리를 길들인다고 한다.

그 때는 코끼리가 어리기 때문에, 말뚝을 뽑을 수도 없고 줄을 끊을 수도 없어서, 아무리 시도를 해도, 말뚝을 뽑을 수 없지만, 문제는 어른으로 성장한 코끼리가 그 사실을 그대로 믿어 버린다는 것이다. 그래서 어른이 된 후에도, 충분히 말뚝을 뽑을 수 있음에도, 코끼리는 절대로 말뚝을 뽑을 수 없다고 생각하여, 말뚝에 묶인 채로 도망을 가지 못 하게 되는 것이다. 과거 새끼였을 때, 실패한 경험들이 큰 약점으로 작용하여, 코끼리로 하여금, 말뚝을 뽑도록 시도조차 하지 못 하게 옭아매는 것이다.

수조의 중간지점을 통과하지 못 하는 피라니아나, 일정 높이 이상으로 뛰지 못 하는 벼룩이나, 말뚝을 뽑지 못 하는 코끼리들을 볼 때, 너무나 안타깝고, 답답한 심정을 느꼈을 것이다. 하지만 이들보다 더 안타까운 것은 바로 우리들 자신이라는 사실을 아는 가? 왜냐하면 우리도 이와 다를 바 없으며, 오히려 더 심할 수 있기 때문이다.

왜냐하면 우리는 몇 번 해 본 후에는 도저히 그것을 우리는 할 수 없다고 선을 그어 놓아 버린다. 그렇게 되면 그것이 평생 우리를 지배하게 되는 것이다. 몇 번의 실패 경험이 바로 자신을 옭아매는 약점으로 평생 작용할 수 있다는 것이다. 그래서 마음의 벽, 마음의 한계가 가장 무서운 우리의 적인 것이다.

이렇게 자신의 한계에만 집중하게 되면, 결국에는 우리는 제대로 살아 보지도 못 한 채 그저 그렇게 살아가게 된다. 그 결과 우리는 날 수 있는 강점이 있음에도 그것을 깨닫지 못 하고 기면서 살아가고 있는 것이다. 이처럼, 우리가 가진 약점에 집중하게 되면, 그 약점 때문에 우리는 아무것도 시도조차 해 볼 수 없는 사람이 되어 버린다.

대 부분의 경우, 이것이 팔자려니 하고 생각하면서, 자포자기 한 상태로 평생을 살아가게 된다는 것이다. 그래서 약점은 결코 우리를 성장시킬 수 없으며, 오히려 우리를 더욱 더 약하게 만들 뿐이다.

우리가 못 하는 것에 집중하지 말고, 우리가 잘하는 것에 집중해야 하는 이유가 바로 이것이다. 우리가 못 하는 그것이 영원히 우리가 못 하는 것이 아닐 수 있기 때문이다. 어제는 내가 못 했던 것이 오늘은 놀랍게도 할 수 있는 것이 될 수도 있다.

그렇기 때문에, 과거에 못 했던 것, 약점에 집중해서는 안 된다. 그래서 날마다 새로운 것에 도전해야 할 필요가 있는 것이다. 그리고 새로운 것에 도전하기 위해서 필수 조건이 바로, 약점에 집중하지 않는 것이다. 오히려 강점에 집중할 때, 새로운 것에 도전할 수 있다. 그것을 보란 듯이 해 낼 수 있다. 성과를 내는 것은 자신의 약점이 아니라, 강점이라는 사실을 우리는 명심해야 한다.

우리가 직장에서 성과를 낼 수 있는 것은 우리의 약점이 아니라, 강점이 있기 때문이다. 약점을 보안하기 위해 엄청난 노력을 기울인다 해도, 그 만큼 성과를 얻지 못 한다. 하지만 강점에 집중하면, 집중한 만큼 그 이상으로 성과를 얻을 수 있다. 이러한 사실을 피터 드러커는 다음과 같이 말한다.

" 서툰 일을 개선하는 데 많은 시간을 보내서는 안 된다. 오히려 자신의 강점을 찾아 집중하라. 무능함을 보통으로 만드는 데는 일류를 초일류로 만드는 것보다 훨씬 많은 노력이 든다.”

우리를 성장시키는 것은 약점이 아니라, 바로 강점이라는 사실을 한 번 더 명심하자.

9. 독특함은 성공을 뛰어 넘어야 한다.

인생 혁명은 성공을 좇는 것에 열을 올리는 것 이상의 그 무엇이 되어야 한다. 성공을 추구하고 최고로 성공한다는 것은 이 사회가 규정한 것을 최고로 잘 한다는 것을 의미할 뿐, 어떠한 자기완성도 의미하지 않는 다.

“ 늘 하던 것을 하고, 늘 하던 대로만 한다면 늘 얻던 것을 얻게 되고, 늘 살던 대로만 살게 될 것이다.”

늘 하던 대로 성공 추구에만 열을 올려서는 안 되는 이유가 이것이다. 당신을 향상시키는 것은 성공이 아니라 자기 경영이라고 나는 생각한다. 부와 성공은 부산물이지, 목표여서는 안 된다.

자기 경영은 성공 추구를 뛰어 넘어, 자신을 완성시켜나가야 하는 그 무엇이다. 인생의 혁명을 통해 우리는 이 사회가 정해놓은 성공의 기준과 싸워나가야 하고, 세상의 따가운 시선과 싸워 나가야 한다. 그렇게 치열하게 싸워 나가는 청춘들은 반드시 달콤한 열매를 맛보게 된다.

살아있는 물고기는 절대 물살에 자신을 맡기지 않는 다. 오히려 물살을 거슬러 항상 헤엄치며 살아간다. 우리가 청춘이라고 하는 것은 그 안에 하늘을 품을 수 있는 새싹의 생명력이 있기 때문이며, 살아 꿈틀대는 생동감이 있기 때문이다. 우리가 진정 원하는 것은 스펙 쌓기를 통한 안정된 삶이 아니다.

우리가 원하는 것은 자기 경영을 통해 우리의 삶이 타인의 삶과 다르게 되는 것이다. 그것은 절대 비교를 허용하지 않는 것이다. 자신만의 삶을 살고자 하기 때문에 비교는 무의미하다. 가장 자신다운 삶을 살아 낼 수 있도록 자기 경영이 필요한 것이다.

자기 경영을 통해 우리 자신을 일벌레가 아닌 하나의 인간으로 우뚝 설 수 있게 해야 한다. 청춘 혁명을 하지 못 한 자는 죽도록 일해도 가난과 궁핍에서 벗어나지 못 하는 일벌레로 전락 되고 만다.

물살에 자신을 맡긴 물고기는 결국 죽음 밖에는 해답이 없다. 우리 인생을 부와 성공에 내맡겨서는 안 된다. 성공 추구를 거부하고, 자기 경영을 실천하여, 세상과 맞장 뜨도록 하자. 그렇게 할 때, 세상은 우리에게 길을 내어 주고, 허리를 굽히고 우리를 향해 인사를 할 것이다. 세상도 주인을 알아보는 법이기 때문이다.

## 10. 왜 죽도록 일하는 데 위대해지지 못 할까?

지금 이 세상에는 죽도록 일하는 사람들이 차고 넘칠 정도이다. 하지만 그들이 모두 성공하고, 큰 부를 쌓는 것은 절대 아니다. 겨우 중산층을 유지하는 정도의 사람들은 적지 않지만, 그 수보다도 죽도록 일함에도 불구하고, 계속해서 가난한 사람들이 더 많다.

그래서 그런 사람들을 지칭하는 새로운 신조어인 '워킹푸어(Working poor)' 라는 말이 생겨나기도 했다. 일을 해도 가난에서 벗어나기 어려운 이들을 일컫는 말이다. 다시 말해, 죽도록 일해도 성공은 고사하고, 가난에서 조차 벗어나기 어려운 이들이 적지 않다는 것이다.

몇 달 전 취업포털 잡코리아가 중소기업에 다니는 직장인 357명을 대상으로 '가계경제 현황' 에 대해 조사한 결과, 전체 응답자의 60.8%가 '현재 갚아야 할 빚이 있다' 고 답했다. 즉 죽도록 열심히 일하는 직장인들조차도 60% 즉 열명 중에 6명은 성공은 고사하고, 가난에서 벗어나지 못 하는 '워킹푸어' 인 셈이다.

더욱 더 놀라운 사실은 '스스로를 워킹푸어' 라고 생각하는가에 대한 질문에 전체 응답자의 68.6%가 '그렇다' 고 대답했다는 사실이다. 스스로를 '워킹푸어족' 이라고 대답한 응답자들은 20대와 30대, 그리고

40대 모두 거의 비슷한 비율을 나타내고 있다는 점에서, 20대의 누군가가 가난에서 벗어나기 위해, 십 년, 이십 년을 죽어라 일을 해도, 여전히 가난할 수 밖에 없다는 결론에 도달할 수 있다.

그렇다면 과연 왜 그럴까? 죽도록 일을 해도 성공은 고사하고, 가난에서 벗어날 수 없는 이유는 무엇일까? 그것은 바로 남들이 하던 대로 그대로 따라 하기 때문이다. 그리고 자신이 그렇게 따라 하던 것을 평생 늘 하기 때문이다.

" 우리가 가난한 이유는 남들이 하던 것을 그대로 따라 하고, 또한 그 따라 하던 것을 변함없이 평생 동안 늘 하던 방식대로, 아무 의문도 없이, 하기 때문이다."

이것은 우리가 가난에서 벗어나지 못 하는 이유일 뿐만 아니라, 성공하지 못 하는 이유이며, 큰 부를 축적하지 못 하는 이유이기도 하다. 많은 사람들이 의도한 것은 아니지만, 인생의 어느 시점에서 자신이 늘 하던 대로의 방식을 거부하고, 새로운 방식을 시도함으로써, 우리는 가난의 선을 넘어야 한다. 하지만 안타깝게도 평생 죽도록 일하면서도, 이 선을 넘으려고 하지 않는 다. 그 결과 열심히 살지만, 부를 축적하지는 못 하고, 성공하지 못 한다.

이러한 악순환의 연결고리를 끊고, 자신이 늘 하던 대로의 방식을 거부하고, 새로운 시도를 하기 위해서는 자기 경영이 필요하다. 남들이 갔던 길이 아닌, 자신에게 가장 적합한 자신만의 길을 가는 것이다. 바로 이것이 남들과 다른 새로운 시도이며, 자기 경영인 것이다. 사람들은 이러한 모습을 두고, 변화와 혁신이라고 부른다. 하지만 우리들은 이러한 변화와 혁신은 자기 경영을 실행하게 되면, 자연스럽게 표출되는 부산물이라는 사실을 알고 있다.

수많은 사람들이 죽도록 일해도 성공을 하지 못 하는 이유는 변화와 혁신을 하지 않고, 늘 하던 대로, 늘 하던 것을 하기 때문이다. 그리고 무엇보다 많은 이들이 그렇게 하며 살아가는 가장 큰 이유는 성공만을 쫓기 때문이다. 독특함을 쫓을 때 변화와 혁신이 뒤따르게 된다.

성공을 추구하면서 변화와 혁신을 하려고 노력하는 것은 나뭇잎이 흔들릴 때, 바람이 부는 것을 보고, 바람이 불게 하려고 나뭇잎을 심하게 흔드는 것과 같다. 변화와 혁신은 강점 경영 위주의 자기 경영을 실천할 때, 즉 독특함을 추구할 때, 자연스럽게 형성 되는 부산물에 불과 하다.

성공에만 집중하면서 그것만을 추구하려고 할 때, 변화와 혁신이 매우 힘들고 어렵고, 방향 조차 잃게 되는 것이다. 심지어 성공을 해도 허전하고 행복하지 못 하게 되는 것이다.

이런 점에서, 강점 경영은 자신만의 길을 스스로 개척하는 길이며, 지금까지 자신이 늘 해 오던 것을 과감하게 벗어나는 혁신의 길이다.

“ 나는 계속 나를 배우면서 나를 갖추어 나간다. 언젠가는 나에게도 기회가 찾아 올 것이다. “

라고 말한 링컨 대통령은 죽도록 남들을 따라 사는 길을 선택하지 않았다. 그는 자신만의 길을 찾아서, 그 길을 평생 개척하며 살아간 인물이다. 그 결과 그는 남들이 얻지 못 한 영광과 명예를 얻게 되었던 것이다.

이처럼 변화 없이, 늘 하던 대로, 늘 하던 것을 평생 한다면, 죽도록 일해도 절대 성공할 수 없다. 그러므로 계속 자신을 찾고, 발견하고, 자신을 갖추어 가는 자기 경영을 통해, 기회를 만들고, 기회가 왔을 때, 성공할 수 있는 인물이 되어야 하는 것이다.

죽도록 일하는 데 성공하지 못 하는 이유는 죽도록 일하는 것과 일을 즐기는 것은 분명 다르기 때문이다. 열심히 살아도 성공을 쫓는 삶과 독특함을 쫓는 삶은 다르기 때문이다.

자기 경영을 통해 자신의 강점을 발견하고 그것에 집중할 수 있었던 행운아들은 모두 이렇게 말하는 경향이 있다.

"나는 한 번도 일을 해 본 적이 없다. 나는 내가 좋아하는 일을 즐겼을 뿐이다. 나는 돈을 아무리 많이 벌었다 해도 내가 좋아하기 때문에 이 일을 계속 열정적으로 할 것이다. 이 일은 단지 돈벌이 수단에 불과한 것이 아니다. 돈 보다 더 중요한 자기완성의 삶 그 자체이며 나만의 길을 가게 해 준 고마운 도구이다."

비록 필자가 지어낸 말이지만, 위대한 성공을 거둔 이들은 모두 이렇게 말하고도 남았을 것이다. 확실한 사실은 큰 성공을 거둔 사람들은 죽도록 일하지 않았다는 것이다. 그들은 모두 자신의 일을 게임을 하듯, 시합을 하듯, 마치 경주를 하듯 즐기고 누리고 환호하면서 했다는 것이다. 뼈 빠지게 일하는 것과 몰두하여 운동을 즐기는 것은 분명히 다른 것이며, 생계를 위해 죽도록 일만 하는 인생과 자신의 성장을 위해, 최고가 되기 위해 자신의 강점에 집중하는 것은 확실하게 다른 것이다.

공교롭게도 전자의 사람들은 후자보다 더 힘들고, 더 많은 에너지를 낭비하고, 더 열심히 일을 해야 한다. 그렇게 하지 않으면 퇴출되기 때문이다. 하지만 그 보상은 매우 적다. 하지만 후자의 사람들은 전자의 사라들보다 더 즐겁고 더 에너지가 샘솟고 더 여유롭게 몰두하지만 그 보상은 매우 크다.

바로 이러한 차이가 일의 불공평성이다. 죽도록 일하지 말고, 일을 즐기는 사람이 되어 보자. 그렇게 하기 위해서는 먼저 강점을 발견해야 하고 자신을 경영해야 한다. 그 방법은 자기 경영이다.

## episode _ 독특함의 대가를 직접 만나라. III

### 독특함의 대가 III - 타이거 우즈.

" 커다란 중압감을 수없이 많이 겪어 봤기 때문에, 그러한 중압감속에서도 승리할 수 있습니다. 다른 누구보다도 훨씬 더 많이 겪어봤습니다. 그래서 다른 사람들보다 실패도 많이 해 봤습니다. 하지만 그러다 보면, 성공하게 됩니다."

우리는 타이거 우즈를 평가할 때, 골프 천재라고 평가한다. 그 이유는 그가 골프를 잘 치기 때문일 것이다. 하지만 많은 사람들이 막연하게 생각하는 '골프를 잘 치는 타이거 우즈' 도 자기 나름대로의 강점과 약점이 있다. 골프의 많은 기술 중에 유독 남달리 자기만이 잘 하는 기술이 있고, 남들보다 훨씬 못 하는 평균 이하의 기술도 있다는 사실을 아는가?

타이거 우즈가 세계 최고의 골퍼로 명성을 떨치고,

'골프 천재' 라는 소리를 들을 수 있었던 것은 순전히 그가 자신의 강점에 집중하여, 그것을 더욱 더 잘 할 수 있게 연습하고, 그것을 잘 발휘하였기 때문이다. 남들처럼 자신의 약점을 보완하여, 골고루 잘 할 수 있도록 하기 위한 전략을 취하지 않고, 자신의 강점을 더욱 더 강화시키는 전략을 구사함으로써, 골프 천재가 될 수 있었던 것이다.

먼저 그의 생애를 살펴보면, 뒤늦게 골프에 취미를 붙인 아버지의 영향으로 쉽게 골프에 접근할 수 있었고, 골프를 치는 아버지를 보면서, 자연스럽게 골프를 좋아하게 되었을 것임을 우리는 쉽게 추측해 볼 수 있다. 그리고 타이거 우즈는 무엇보다 자신의 강점이 골프와 일치하였기 때문에, 큰 성공을 할 수 있었던 것이라고 볼 수 있다.

그가 남들처럼 공부를 했거나, 예술을 했다면, 과연 최고가 될 수 있었을 까? 절대로 될 수 없었을 것이다. 그의 강점은 바로 골프 기술이기 때문이다. 뿐만 아니라, 그는 골프 기술 중에서도 자신이 남달리 잘 할 수 있는 기술과 그렇지 못 한 기술 즉 강점 기술과 약점 기술이 공존한다는 사실을 알고, 남들은 다 약점 기술을 보완하려고 할 것이지만, 그는 오히려 반대로 강점을 더 강화하기 위해, 그 강점에 집중했던 것이다.

누구나 약점을 가지고 있고, 강점도 가지고 있다. 하지만 약점을 집중하는 사람은 평균 정도의 사람밖에 되지 못 한다. 하지만 강점에 집중하는 사람은 그 이상의 사람이 되고도 남는 다. 이것이 강점에 집중해야 하는 이유이다. 골프의 황제 타이거 우즈 역시 우리와 동일한 사람이다. 하지만 그는 강점을 발견하고, 집중할 줄 알았던 사람이었다.

그의 참 다운 강점 경영이 빛을 발한 것은 바로 그의 약점인 샌드 세이브율을 보완하기 위해, 노력하는 대신, 자신의 강점인 드라이브샷과 아이언샷, 퍼팅 기술에 집중하여, 연습 시간의 대 부분을 강점에만 할애 했다는 점이다. 그 결과 타이거 우즈는 자신의 강점을 더욱 더 강화시킬 수 있었고, 그러한 강점을 통해, 벙커에 떨어질 확률을 최소화하여, 약점 때문에 경기에서 지는 경우가 없도록 한 것이다. 그 결과 타이거 우즈는 골프 황제로서 승승장구할 수 있었다.

만약에 그가 자신의 약점인 샌드 세이브율을 보안하기 위해, 연습 시간의 많은 부분을 약점 보완에 할애했다면, 그는 아마도 지금의 정상의 자리에 있지 못 했을 것이다. 왜냐하면 약점은 절대 보완이나 개선의 대상이 아니기 때문이다. 그것은 단지 관리의 대상이기 때문이다. 우리는 관리의 대상을 종종 혼동한다. 그 결과 이길 수 있는 경기에서조차 질 때가 있다.

타이거 우즈도 평범한 골프 선수처럼 강점이 있고, 약점이 있다. 그리고 그 약점은 평균적인 프로 골프 선수의 평균 정도의 수준보다 못 한 수준이라고 할 수 있다. 절대 최고의 수준은 아니다. 그리고 그 역시 수많은 경기에서 패한 적이 있다. 하지만 그로 하여금 세계 최고의 선수가 될 수 있게 해 준 것은 바로, 강점에 집중할 줄 알았기 때문이다.

강점에 집중하여, 그 능력을 극대화 될 때, 놀랍게도

약점이 스스로 커버 된다는 사실이다. 타이거 우즈도 그랬던 것이다. 자신의 강점인 드라이브샷과 아이언샷, 퍼팅 기술을 강화하면 할수록 벙커에 떨어질 가능성은 적어졌던 것이다. 그래서 강점을 강화할수록 약점이 저절로 보완되고, 커버되는 그러한 현상을 경험했던 것이다. 이것이 바로 강점 경영의 최대의 강점이다.

# 제4장. 독특함은 사람마다 다른 것이다.

## 1. 한국 사회에서 태어나지 않았기에 위대해지다.

아인슈타인과 에디슨, 존 스튜어트 밀, 레오나르도 다 빈치, 윈스턴 처칠의 경우만 보더라도 한국 사회와 같은 강압적이고 권위적인 사회 분위기에서 만약에 그들이 태어났더라면, 그들은 아마도 그들이 거둔 성공의 반도 거두지 못 했을 것이라고 필자는 생각한다.

그들은 누구보다도 자신의 청춘시절에 자신을 혁명한 청춘의 혁명가들이었다. 이들 모두는 학교를 잘 다니지 못 했고, 학교에서도 꼴찌에 가까운 그런 낙제생들이었다. 만약에 그들이 한국 사회에서 태어났다면, 더 이상 기를 펴지 못 하고 평번한 사람으로 살다가 생을 마감했을 것이다.

하지만 그들은 다행히 한국 사회가 아닌 좀 더 자유로운 사회 속에서 태어나 마음껏 자신의 강점을 발견하고, 자신의 청춘의 시기에 혁신을 함으로써 천재가 될 수 있었고, 위대한 수상이 될 수 있었고, 위대한 과학자가 될 수 있었던 것이라고 나는 생각한다.

우리 한국사회는 천재마저도 평범한 둔재로 만들어 버리고 마는 놀라운 시스템을 가지고 있다. 그러므로 청춘들이여! 스펙 쌓기는 자신의 숨어 있는 천재성을 무참히 짓밟아버리고 마는 시간낭비이며 인생낭비라고 할 수 있다. 아인슈타인이, 에디슨이, 존 스튜어트 밀이, 레오나르도 다 빈치가, 윈스턴 처칠이 스펙 쌓기를 하기 위해 청춘을 불사른 것은 아니다. 그들은 자기 자신을 보다 더 나은 사람으로 향상시키기 위해, 혁신을 시도했던 것이다. 그것도 이 세상과 정면으로 반대되는 방향으로 자신만의 길을 갔던 이들이다.

우리가 역사적인 위인들에게서 배워야 할 것은 그

들의 성공 법칙이 아니라, 그들의 정신이다. 성공 법칙은 시대에 따라, 사람에 따라 다르기 때문이다. 오직 자신을 향상시키고자 하는 그러한 진취적인 기상과 마인드를 우리는 배워야 한다. 그것이 자기 경영의 토대가 되어 준다는 사실을 명심하자.

우리 한국인들은 세계 어떤 나라 민족들보다 지능지수가 뛰어나고, 손재주가 뛰어난 민족이다. 이것은 세계 여러 나라를 다녀보면 금방 알 수 있을 뿐만 아니라, 오래 전에 영국의 얼스터 대학의 리처드 린 교수와 핀란드의 헬싱키대학의 타투 반하넨 교수가 세계 185개국의 국민들의 평균 지능 지수를 조사한 바 있다. 그들은 지능지수와 경제, 부와의 상관관계를 분석하여, 결코 머리가 좋다고, 잘 사는 것만은 아님을 증명하기 위해, 이러한 연구 조사를 하게 되었다고 말했다.

그들의 연구 조사 결과 세계에서 가장 머리가 좋은 민족은 바로 한국 민족으로 결과가 나왔다. 북한이 평균 지능지수가 105로 일본과 함께 2등이고, 대만이 104로 3등이다. 다만 홍콩만 따지면 107로 우리 보다 1점이 높지만, 중국과 합하면, 중국이 100 이므로, 등수에서 우리보다 못 하다. 우리도 홍콩처럼, 서울이나, 부산이나 대구와 같은 대도시만 선택하여 테스트 한다면, 아마도, 107 이상이 나오면 나왔지, 그 이하는 절대 나오지 않을 것이다. 그렇기 때문에 한국이 세계 최강의 지능 지수 즉 머리가 가장 좋은 민족이라고 말해도 절대 과언이 아닌 것이다. 그것도 북한처럼, 교육 환경이 안 좋은 나라가, 105라는 것은 우리 민족의 우수성을 입증하는 방증자료임에 틀림없다.

이렇게 우수한 민족이 왜 노벨상 수상자가 한 명도 없을 까? 물론 김 대중 전 대통령의 노벨상은 평화상이다. 여기서 말하는 노벨상은 학문 분야의 노벨상을 말하고자 한다. 이와 반대로 세계 인구의 0.2% 에 불과한 유태민족들은 노벨상 수상자 비율에서 30%~40%를 꾸준히 휩쓸고 있고, 미국의 명문대학에서 유태인들이 차지하는 비율은 거의 30% 선을 계속 유지한다.

하지만 유태인들의 지능 지수를 추측해 볼 수 있는 이스라엘의 국민 평균 지능지수는 이번 조사에서 94로 매우 낮게 평가 되었다. 조사의 신뢰성 및 오차를 감안한다고 해도, 머리가 좋은 민족이기 때문에 노벨상을 많이 수상할 수 있었다는 생각은 전혀 근거가 없는 주장임을 알 수 있다. 이쯤에서 정말 논의하고자 하는 질문으로 다시 돌아와 보자. 왜 한국인들은 머리도 좋고, 능력도 뛰어나고, 공부도 세계에서 가장 독하게 많이 하는 민족인데, 노벨상 수상자가 한 명도 없을 까? (참고로 공부 일등 국가 핀란드는 우리 아이들의 평균 공부 시간보다 3분의 1이나 적게 공부하고, 우리와 비슷한 학력을 보이는 일본은 우리 아이들의 평균 공부 시간보다 3분의 2나 적게 공부하는 것으로 나타났다.)

그것은 바로 우리 민족의 교육 시스템과 사회, 문화적 특성이 평균을 너무 중시하여, 남들보다 조금만 더 잘하면 되는 문화, 그리고 모든 과목에서 골고루 커트라인만 넘으면 시험이나 자격증에 합격하는 문화 속에서 만들어졌다는 특성 때문이다. 즉 모난 돌이 정 맞는 다는 속담이 있을 정도로 우리는 성격이 원만하고, 모든 과목이 평균 이상으로 낙제가 없고, 골고루 잘하면, 그것을 가장 좋게 여긴다는 것이다. 심지어 대학 입학 시험에도,

낙제 과목이 없어야 하고, 졸업 시험에도 낙제 과목이 없어야 졸업이 되고, 취업 시험에도 한 가지를 엄청나게 잘 해도, 모든 과목에서 낙제점수가 있으면, 합격 할 수도, 졸업 할 수도, 취업 할 수도 없게 되어 있는 시스템의 나라에 살면서, 그러한 평균 점수제에 길들여졌기 때문이라고 할 수 있다.

## 2. 타인과의 경쟁보다 자신을 넘어서야 한다.

명심하자. 성공을 추구하는 자는 타인을 이겨야 하고, 타인을 이기기 위해 평생을 살아야 하지만, 독특함을 추구하는 자는 자신을 이겨야 하고, 자신을 넘어서기 위해 평생을 살아간다는 사실을 말이다.

당신의 인생은 자신을 넘어서기 위해, 위대해지기 위해 사는 인생인가? 타인과의 경쟁에서 타인을 이기기 위해 사는 인생인가?

현대 사회와 국가와 기업은 언제나 대체 가능한, 평균화되고 규격화된 인물을 양성하기 위해 교육 시스템과 취업 시스템을 만들었을 뿐만 아니라, 입학과 졸업 시스템 역시 그런 방식을 토대로 하여, 만들어 놓았던 것이다. 그로 인해 가장 큰 병폐는 너무나 많은 한국인들이 다양한 분야에서 세계 최고의 천재가 될 수 있는 재능을 갖고 태어났음에도 불구하고, 비범한 자신을 평준화, 규격화, 획일화 시스템에 의해, 평범한 회사원으로, 그리고 평범한 사람으로 짜 맞추어 버린다는 것이다. 그 결과 천재성을 가진 많은 사람들이 그저 그런 평범한 인생을 그럭저럭 살아 나가고 있는 인생으로 전락되어 버렸다는 것이다.

가령 중학교와 고등학교에서 다른 여러 과목을 평가해 보면, 잘 하는 과목이 있고, 평균 정도를 하는 과목이 있고, 평균 이하가 되는 과목이 있을 수 있다. 이 때 우리들은 모두 잘 하는 과목에 집중하지 않고, 자연스럽게 평균 이하의 과목에 집중하게 된다. 그래서 평균 이하의 과목에 더 많은 시간을 투자하고, 더 많은 노력을 집중시킨다. 물론 자신이 평균 이하가 된 과목은 절대로 자신의 강점과 밀접한 관련이 있는 과목이 아닐 뿐만 아니라, 흥미와 재미도 거의 느끼지 못 하는 과목이라는 점에서, 학생들은 더욱 더 공부가 힘들어 지게 된다. 그 결과 공부와 담을 쌓아 버리는 아이들이 속출하게 되는 것이다.

하지만 고등학교를 졸업을 하고, 대학에 입학을 하기 위해서, 그리고 대학에서도 졸업을 하기 위해서는 모든 과목을 평균 이상으로 해야 한다. 우리들은 학창 시절을 보내면서, 우리 자신들을 스스로 세뇌시켜, 평균 이하의 과목이 있으면, 무엇보다 그 과목의 점수를 끌어 올려, 평균 이상이 되게 하는 사고와 전략에 완전히 빠져 들게 되어, 인생을 살면서, 자신의 강점보다는 약점에 더욱 더 신경을 쓰고, 그로 인해 그 약점을 보완하여, 남들 수준만큼 하기 위해, 각고의 노력을 하며 살아가는 삶의 전략을 자연스럽게 익히게 된다. 그 결과 그러한 약점 보완이 가장 중요한 해결 과제인 그러한 인생을 살게 된다. 이러한 인생의 가장 큰 폐단은 자신의 강점과 자꾸만 멀어져 간다는 것이다.

그래서 발표력이 없는 사람은 그러한 약점을 보완하기

위해, 웅변 학원에 가는 사람 즉 약점에 집중하여, 약점을 보완하는 데 아까운 시간과 노력을 낭비하는 사람이 되게 된다. 얼굴이나 외모가 약점인 사람들은 남들만큼 되기 위해, 성형을 받고, 남들이 다 한문 공부에 열을 올리면, 자신도 따라 가고, 남들이 다 중국어에 열을 올리면, 자신도 따라 간다. 그러다 보면, 이것도 조금, 저것도 조금 하는 그러한 인생이 되고 만다.

무엇보다 우리가 약점에 치중하게 되는 사고방식과 습관을 들이게 된 가장 큰 원인은 우리가 보내는 학창 시절에 우리가 일 년에 4 번을 치르는 시험들, 즉 중간고사와 기말 고사의 점수 때문이다. 왜냐하면 다른 과목에서 90점을 받고, 80점을 받고, 나머지는 평균을 받았지만, 50점을 한 과목에서 받은 아이의 경우, 다음 시험에서 총점을 올려서 등수를 올릴 수 있는 가장 쉬운 방법은 50점을 받은 과목에 시간과 노력을 집중하면, 가장 쉽게 점수를 올릴 수 있게 되기 때문이다.

물론 어려운 과목일 경우에는 그것도 쉽지 않겠지만 말이다. 하지만 분명한 사실은 자신이 진짜 잘하는 과목

즉 강점 과목에서 90점을 받는 아이의 경우, 학교의 점수 시스템이 한계가 있기 때문에, 100점 이상은 평가할 수가 없다. 그리고 90점에서 100점 받는 것이 50점에서 60점 받는 것보다 몇 배 더 힘이 들게 된다는 점도 간과해서는 안 되는 요인이다.

즉 인생에서 자신이 잘하는 강점 과목을 남들보다 잘해서 90점을 받았다고 했을 때, 그 아이는 그 강점 과목만 더 치중하여, 150점도, 200점도, 나올 수 있고, 그것을 평가해 주고, 대우 해 주는 것이 어른들의 사회이다. 즉 강점의 강화에 따른 보상이 그 강점에 따라 훨씬 더 많은 대우와 보상을 받게 되는 것이 실제 자본주의 시스템이다. 하지만 학교의 점수 시스템은 그렇지 않다. 특히 총점과 등수를 토대로 해서, 내신 성적에 반영 되는 그러한 교육 시스템은 강점을 강화하면 할수록, 손해를 보는 시스템이라는 한계가 있다. 이러한 한계점은 학생시절을 보내는 우리로 하여금, 강점에 집중하는 것보다는 약점에 집중하는 것이 더 현명한 전략이라는 사고방식을 자연스럽게 가지게 한다. 예를 들면 잘하는 과목에서 90점을 받은 아이가 200점 받을 만큼 잘 해도, 100점으로 제

한되기 때문에, 못 하는 과목에 집중하는 것이 더 영리한 전략이 되어, 누구라도 이때는 잘하는 것보다는 못 하는 것에 집중하게 되는 것이다.

교육 시스템이나 취업과 승진 시스템 등의 문제는 강점이 아닌 약점에 최소한 더 신경을 쓸 수밖에 없게 만든다는 것이다. 그로 인해 낭비되는 에너지와 시간과 열정은 그 어떤 것으로도 보상을 받지 못 하게 되며, 그로 인해 그저 그런 인생을 살아가게 된다.

타인과의 경쟁보다는 자신을 넘어서기 위해 노력하는 인생이 되어야 한다.

3. 날이 갈수록 평범함에 길들여지는 나라.

우리 민족의 가장 큰 문제는 죽도록 일을 해서, 힘겹게 남들과의 경쟁에서 이겨서, 사회적으로 높은 자리에 올라가고, 승진을 하고, 돈을 벌어도, 그것이 모두 빈껍데기와 같은 타인의 삶을 대신 살아 왔던 것에 불과하다는 것이다. 왜냐하면, 자신에게 주어진 고유한 천재성과 강점을 저버리고, 오직 타인과의 경쟁에서 이기기 위해, 모든 에너지를 쏟아 부었기 때문이다. 그 결과 아무리 승리를 하고, 경쟁에서 이겼다 해도, 여전히 우리는 우리 자신을 잃어버렸다는 점에서 승리자나 패배자나 다를 바 없다는 점이다.

이혼율 1위 자살률 1위의 나라가 된 것이 바로, 자신을 잃어버리고, 타인과의 경쟁에서 너무 몰두하는 삶을 살았기 때문이다. 이제부터라도 자신을 찾고, 자신의 강점을 발견할 수 있도록, 자신에게 돌아가는 삶을 살아가는 것은 어떨까?

자신을 잃어버리게 하는 이러한 시스템에서 자라난 청소년들은 당연히 약점에 집중하게 되어 있어서, 태어날 때는 서로 다른 재능을 가지고 태어났지만, 평준화되고, 규격화되고, 획일화되어 버린다. 이것이 우리의 사고방식을 지배하여, 무엇을 하든, 강점보다는 약점을 보완하는 것이 더 중요하고, 더 나은 전략이라고 판단하게 된다는 점에 있어서, 우리 민족은 매우 큰 낭비를 하고 있는 셈이다.

즉 시험 제도와 점수 평가 시스템이 우리로 하여금 평균 이하의 과목에 집중하게 만들어 버림으로, '남과 같이', '남들보다 조금만 더,' 라는 사고방식을 가지게 하지만, 우리보다 3분의 1 이나 적은 시간을 공부하면서도, 재미있게 공부할 뿐만 아니라, 우리 나라 학생들보다 더 공부를 잘 하는 일등 공부 국가인 핀란드 학생들은 거의 시험을 치지 않는 다는 사실을 알고 있는 가? 그리고 그들은 절대 소수의 패배자도 양산하지 않는 다. 하지만 우리 나라는 다수의 패배자들을 양산하고 있고, 다수의 획일화된 대체 가능한 부속품들을 양산하고 있다.

우리 보다 지능지수가 훨씬 낮은 유태인들이 인구가 그렇게 적음에도 불구하고, 노벨상을 휩쓸고 있다는 사실과 그러한 유태인들은 '남들보다 더 잘' '남들만큼 그렇게' 가 아닌 '남과 다르게' 를 더 중요시 여기고, 그렇게 남과 다르게 살려고 사고하고, 공부하며, '남과 다르게 살아가며, 자신의 길을 찾고, 발견해 가고자 노력하기' 때문에 위대한 인물들이 많이 만들어 진다는 사실을 명심해 볼 필요가 있다.

이런 점에서 우리가 하는 공부는 남과 같아 지는 공부이고, 넘버원(Number One)이 되려고 하는 공부이지만, 유태인들의 공부는 남과 더욱 더 달라지는 공부, 온리원(Only One)이 되려고 하는 공부라는 사실을 명심해야 한다. 이러한 공부를 청소년 시절에 한 사람들은 반드시 평생 살아가면서, 전자는 엄청난 노력을 해도, 가장 잘 되는 것은 남들보다 더 잘, 남들보다 더 많이, 남들보다 더 빨리 하는 넘버원이지만, 후자는 남들이 도저히 생각지도 못 했던 새로운 것들을 창조해 내고, 발견해 내는 온리원이 되는 것이다.

우리가 사는 세상은 넘버원이 아닌, 온리원들이 지배하고, 이끌어 가고, 문명을 발전시킨다. 하지만 우리나라에는 기업도, 사람도 모두 넘버원은 많지만, 온리원은 매우 적다. 이것이 우리 민족이 당장 해결해야 할 과제이다. 애플, 구글과 같은 창조적인 기업은 없고, 오직 남들만 쫓아가고, 모방하고, 흉내 내는 데 발 빠른 삼성은 넘버원이지만, 온리원은 아니다. 김 연아 선수, 박 지성 선수, 박 세리 선수 등 모두 그 분야에서는 남들보다 잘 하는 넘버원이지만, 온리원은 아니다.

과거에 우리나라에는 온리원들이 많았다. 이 순신 장군, 세종대왕이 대표적인 온리원이었다. 이 분들에 대한 이야기들은 다음 장에서 좀 더 자세히 하도록 하자.

이러한 점에서 강점 경영은 바로 넘버원이 되는 전략이 아니라, 온리원이 되는 전략이다. 강점 경영은 무엇보다 나 자신을 타인으로 살게 해 주는 전략이 아니라, 나를 나로 살게 해 주는 전략이다.

위대한 유대인 철학자인 마틴 부버도 인생에서 사람에게 가장 중요한 것은 자신만의 강점을 발전시켜, 자신의 잠재력을 실현하는 것이라고 말했다.

" 각 사람의 가장 주된 임무는 자기만이 가지고 있는 유일무이한 잠재력을 실현하는 것이며, 더 위대한 일은 다른 사람이 이미 이룬 무언가를 반복하지 않는 일이다.”

마틴 부버는 자기만이 가지고 있는 유일한 강점을 발견하여, 그것의 잠재력을 실현하는 것이 각 사람의 가장 주된 의무이며, 목적이라고 갈파한 것이다. 이것은 강점 경영의 토대가 되는 개념이다. 그리고 그는 또 한 가지 사항에 대하여 우리에게 주문하고 있는 데 그것은 바로 타인이 이미 이룬 무언가를 반복하지 말라는 것이다. 즉 타인의 성공 법칙을 따라 가고, 다른 사람의 삶을 흉내 내지 말라는 것이다.

4. 성공이 당신의 인생을 책임져 주지 않는 다.

“ 자기 자신을 경영한다는 것은 점점 더 자신의 인생 후반부를 스스로 준비해야 한다는 것을 의미한다.” 피터 드러커의 이 말처럼  우리는 인생 후반부를 스스로 책임져야 하는 시대에 살고 있다고 나는 생각한다.

성공 추구에 몰두하는 것은 과거의 생존 전략이다. 과거에는 의사 자격증이나 변호사 자격증만 있으면 한평생 먹고 살았다. 하지만 이제는 의사라도, 변호사라 할지라도 또 다른 능력이 없으면 경쟁에서 낙오자가 될 수밖에 없다.

안정된 직장이란 말은 가장 사람을 나태하게 만드는 독과 같다. 유능한 인재들이 공무원만 되면 무능한 인재가 되는 것은 환경이 만드는 병폐라고 할 수 있다. 반대로 항상 자신을 부단하게 노력하게 하는 환경에서 사람은 발전하고 성장할 수 있다.

이 시대에 진정한 생존 전략은 자기 경영밖에는 없다. 자신을 최고의 수준으로 끌어 올리지 않는 다면 아무도 그 사람을 인정해 주지 않는 다. 자신이 최고가 되지 않으면 항상 여기 저기 끌려 다니며 살아야 한다. 하지만 자신이 최고가 되면, 자신이 모든 것을 결정할 수 있게 된다. 그것이 최고가 된 자들이 누리는 혜택이다.

자기 경영을 통해 자신을 최고로 만드는 길은 마지

막 최후의 보루라고 생각해야 한다. 승자 독식사회에서는 승자가 되는 것이 승리하는 길이면서 동시에 살아남는 유일한 방법이기 때문이다. 돈의 세계에도, 인기의 세계에도 승자가 전체의 80%를 독식하는 것이 지금 우리가 살고 있는 사회의 법칙이다.

평범한 개그맨 80명이 일 년에 버는 돈보다 개그계의 승자인 유재석씨가 일 년에 버는 돈이 더 많다. 이것은 경제나 주식의 세계로 확장하면 더 심해진다. 조지 소로스는 작년 연봉이 3조 6천억 원이다. 억대 연봉자 3만 6천명이 버는 것을 혼자 벌었다는 얘기다.

앞으로는 이러한 격차가 더 심해진다. 그러므로 최고가 되고자 결단하고, 노력해야 한다. 올바른 전략을 가지고 말이다. 성공을 해도 그 성공이 이제는 더 이상 인생을 책임져 주지 않는 다. 성공은 하나의 부산물이고 결과이기 때문이다.

당신의 인생을 끝까지 책임져 주는 것은 당신이 가진 독특함이다. 그러므로 당신은 독특함을 갈망해야 한다. 갈망해야 얻을 수 있고, 갖출 수 있기 때문이다.

5. 자신에게 맞는 삶의 방식을 찾아라.

" 인생은 어떤 식으로 살라고 누가 정해놓은 규칙이 있는 게 아니다. 중요한 것은 나에게 맞는 삶의 방식을 찾아내는 일이다. "

몰입의 권위자인 미하이 칙센트미하이의 말이다. 그의 말처럼, 우리는 우리에게 가장 맞는 방식을 찾아야 한다. 왜냐하면 그러한 삶이 진정한 삶이기 때문이다. 현재 가장 창조적인 CEO로 매년 포춘지에 선정되고 있는 인물이며, 스마트폰의 시대를 활짝 연 놀라운 혁신가인 애플의 스티브 잡스는 말한다.

" 다른 사람들의 생각에 얽매이지 마라. 타인의 소리가 내면의 진정한 목소리를 방해하지 못 하게 하라. 가장 중요한 것은 심장과 직관이 이끄는 대로 살아갈 수 있는 용기를 가지는 것이다.”

누구에게나 자신의 심장과 직관이 이끄는 길은 다 다르다. 하지만 그 길을 그대로 살아갈 수 있는 용기를 가지지 못 한 경우, 다른 사람의 생각과 간섭에 얽매이게 되는 타인의 삶을 살아 갈 수 밖에 없다. 그것이 인간이기 때문이다. 이런 점에서 자신의 강점에 오롯이 집중하는 자기경영의 실천은 세상의 모든 사람들에게 적용해도 되는 만인의 생존 전략이 아닐 수 없다. 자기경영의 실천을 통해 만인이 가게 되는 길은 만 가지가 되기 때문이며, 성공의 핵심 비결이라고 할 수 있기 때문이다. 무엇보다 자신의 인생을 가장 자신답게 살아 갈 수 있게 해준다는 점에서 자기경영의 유익함이 매우 큰 것이다.

[포트폴리오 인생]과 [코끼리와 벼룩]의 저자인 영국의 베스트셀러 작가이자 사회철학자이면서, 세계적인 경영사상가인 찰스 핸디Charles Handy는 지금 우리가 살고 있는 이 시대를 자기경영의 시대라고 말하면서, 무엇보다 개개인은 자신만의 길을 개척해 나가기 위해, 방향감각과 지향성을 가져야 한다고 역설하기

도 한다. 그리고 그는 우리의 삶은 우리 내부에 검증되지 않은 가능성을 최대한 발현하는 삶을 살아야 하며, 그러한 의무를 회피할 수는 없다고 주장한다. 그럭저럭 살아나가는 것만으로는 충분하지 않다고 말하면서, 르네상스 시기의 철학자인 마르실리오 피치노(Marsilio Ficino)의 말을 인용한다.

"우리는 본질적으로 우리 내부에 있는 가장 위대한 '그것'이다."

마르실리오 피치노는 '그것'을 영혼이라고 불렀고, 그의 모든 저작은 그 위대한 자아에 봉사하는 삶을 살아야 한다고 역설했다. 그리고 그 이유 중에 하나, 즉 인간이 방향감각과 지향성을 가져야 하는 이유가 인간이 기계가 아니며, 또한 진화의 사슬 속에서 우발적으로 나타난 존재가 아닌, 본질적으로 내부에 가장 위대한 것을 담고 있는 존재이기 때문이라고 한다. 인간은 의미와 가치를 추구하며 내부에 있는 가장 위대한 그것이 가장 그것답게, 즉 자기 자신이 가장 자신다워지는 삶을 살아야 한다고 역설한다. 그리고 그러한 삶은 무엇보다 자신이 존재하는 목적과 이유에 대한 명확한 답변이 될 수 있는 삶을 살아야 한다는 것을 의미하는 것이다. 더 나아가 그럭저럭 남들과 비슷한 삶을 살다 가기 위해 우리는 이 세상에 존재하는 그런 존재가 아니다. 가장 자신다운 삶을 살아야 할 의무가 있는 것이다.

그런 점에서도, 모든 이들에게는 각자의 저마다의 삶의 목적과 이유가 있어야 하고, 그것을 추구하는 삶의 방법과 인생길은 다 달라야 한다. 단순히 성공이나 행복을 추구하는 삶을 뛰어 넘어, 자신이 존재하는 목적에 가장 잘 부합할 수 있는 삶을 살기 위해, 우리들은 저마다의 자기 자신에게 시선을 돌려야 한다. 화려한 타인의 성공과 행복이 아닌, 그 동안 소외되어 왔고, 무시되어 왔던 자신의 내면의 소리와 자신의 내면의 모습에 귀를 기울이고, 시선을 고정해야 한다.

그것은 그러한 행동을 통해, 자신의 삶을 가장 빛나게 해 줄 수 있는 자기경영의 첫걸음인 자기 자신만이 가진 강점을 발견할 수 있기 때문이다. 자신만이 가진 자신의 강점을 발견하는 것이 최고의 생존 전략을 발견해 내는 순간이 되기 때문이다. 우리는 모두 우리 각자에게 주어진 길이 있고, 그 길을 갈 수 있도록 가장 적합한 재능이 부여 되어 있다는 사실을 믿어야 한다.

6. 하늘이 나를 내셨으니 반드시 어딘가 쓸모가 있다.

" 어떤 이에게는 지혜를, 어떤 이에게는 지식을, 다른 이에게는 믿음을, 또 다른 이에게는 병을 고치는 능력을, 또 다른 이에게는 실천력을, 그리고 또 어떤 이에게는 앞날을 내다봄을, 어떤 이에게는 분별력을, 다른 이에게는 여러 언어를 말할 수 있는 능력을, 그리고 또 어떤 이에게는 이를 통역할 수 있는 능력을 주시나니. "

< 신약 성경,

고린도전서 중에서>

위대한 지혜와 통찰로 가득 찬 성경에도, 사람마다 재능이 다르다는 사실을 인정한다. 그것은 마치 모든 사람을 하나의 몸으로 비유할 때, 누구는 머리의 기능을 하고, 누구는 다리의 기능을 하고, 누구는 가슴의 기능을 하고, 누구는 손가락의 기능을 하고, 누구는 눈의 기능을 하고, 누구는 귀의 기능을 해야 한다고 말한다. 그것은 사람마다 부여된 재능, 즉 강점이 다르기 때문이다. 각자가 스스로 자신에게 부여된 남 다른 재능을 발견하고, 그것이 최고로 잘 기능할 수 있도록 자신의 재능을 향상시켜 나갈 때, 우리 사회와 국가는 하나의 유기체처럼, 잘 돌아 가게 되어 있음을 우리는 알아야 한다. 하지만 많은 이들이 자신에게 부여된 남다른 재능을 발견하고, 찾기보다는 남들이 다 가고자 하는 인기 학과, 인기 대학에 입학을 하려고만 한다는 것이 우리 사회의 문제인 것이다.

굼벵이도 구르는 재주가 있다. 그리고 굼벵이에게는 구르는 재주가 그의 강점이다. 그것이 굼벵이에게는 최고로 좋은 생존 전략이다. 당나라 최고의 시인이라 평가 받는 이백도 장진주사에 다음과 같은 말을 남겼다.

" 天生我材必有用(천생아재필유용)"

" 하늘이 나를 내셨으니 반드시 어딘가 쓸모가 있다."

누구에게나 가장 최고의 전략이 되어 줄 자신만의 강점이 하나씩 있다는 말이다. 반드시 있다는 것이다. 그러므로 그것을 믿고, 자신의 강점을 잘 발견하고, 활용하여, 자신만의 독특한 생존전략으로 삼는 자는 큰 성공을 할 수 있을 뿐만 아니라, 이 세상에도 매우 가치 있는 것을 만들어, 베풀 수 있게 되는 사람이 된다. 다시 말해, 자기 경영을 실천하는 사람은 매우 유용한 사람으로 거듭나게 된다는 것이다.

이 땅의 수많은 사람들도 잘 살펴보면, 이러한 원리로 이 세상이 움직이고, 발전하며, 진보해 나간다는 사실을 알 수 있다. 누구는 의술이 뛰어나, 아픈 사람을 잘 고치고, 누구는 좋은 물건을 잘 만들어, 삶이 더 편리해 지고, 누구는 좋은 책을 잘 쓸 수 있어, 다른 사람들의 감성을 풍부하게 해 주고, 문학이 발달하고, 또 누구는 그림을 잘 그려서, 삶이 더욱 더 다채롭고, 풍요로워 지게 된다. 사람마다 부여된 다양한 강점들이 사장

되지 않고, 다양하고 폭 넓게 계발되고, 최고와 최대로 활용되는 사회가 발전하는 사회이고, 잘 돌아가는 사회라는 점에 이의를 제기하는 사람은 없을 것이다. 이러한 세상은 바로 우리들 스스로가 저 마다 가지고 있는 강점을 제대로 발견하고, 그 능력을 더욱 더 잘 발휘해낼 때, 가능하다. 이런 점에서 자신의 강점을 발견하고, 집중하여, 활용하는 전략인 자기경영 전략은 어떤 사람이라도 적용 가능한 생존 전략이며, 나아가서 사회와 세상에 유익한 생존 전략이라고 할 수 있다.

## 7. 독특함을 발견하고 실천하고 있는 기업들

강점 경영이 핵심인 자기 경영은 만인에게 적용 가능할 뿐 아니라, 사람을 넘어 기업에게도 적용 가능하다고 말 할 수 있다. 강점에 집중함으로써, 치열한 비즈니스 경쟁에서 승리를 거머쥐고, 승승장구하고 있는 기업들이 적지 않기 때문이다. 그러한 기업 중에 하나가 닌텐도와 아디다스, 나이키이다.

먼저 닌텐도Nintendo의 경우를 살펴보면, 닌텐도는 자신들이 잘 할 수 있는 한 가지 강점에만 모든 회사의 자원과 인력을 집중시켜, 회사를 운영해 나가는 이른바 고슴도치형 기업이라고 할 수 있다. 왜냐하면, 다른 기업처럼, 이런 저런 전략들을 시도하지 않고, 오직 한 가지 전략은 변함없이 고수하고 있기 때문이다.

남들이 다 하듯 생산업체라면, 생산라인이 있어야 하겠지만, 닌텐도는 생산라인이 없는 제조업체이다. 생산라인이 번듯하게 있어서 잘 돌아가는 공장을 가지고 있는 것이 생산업체에게는 또 하나의 경쟁력이 될 수 있으며, 대 부분 그러한 전략을 취하고 있다. 하지만 닌텐도는 남들과 다른 전략을 취하고 있다. 즉 생산라인을 만들지 않는 전략이다. 이러한 전략을 통해, 닌텐도는 한 가지 강점에만 집중하고, 그것을 잘 활용함으로써 세계 최고의 게임기 생산업체가 될 수 있었던 것이다.

무엇보다 게임만을 생각하는 닌텐도 직원들은 오직 게

임에 몰입하며, 게임만을 개발해 낸다. 버려야 할 것은 과감하게 버리고, 하나에만 집중하는 닌텐도와 직원들은, 이러한 선택과 집중을 통해, 우뚝 선 기업이라고 할 수 있다.

아디다스라는 기업도 또한 자신의 강점을 발견하고, 그것에 집중함으로써 성공한 기업이다. 아디다스는 자신의 강점에 집중하기 위해, 다른 잡다한 것들을 모두 아웃소싱했다. 그래서 생산프로세스를 외부업체에 맡기는 주문자상표부착 생산 방식인 OEM 방식이라는 전략을 선택했다. 오직 한 가지 강점에만 더욱 더 집중하기 위해, 다른 것들은 모두 버렸던 것이다.

이러한 전략은 매우 큰 효과를 발휘하여, 제한된 자원을 이용하여, 최대의 효과를 내는 기업이 되었다. 아디다스는 모든 기업의 역량을 한 가지 강점 즉 제품의 디자인과 성능 개발에만 집중했던 것이다. 그 결과 누구라도 좋아하는 기능성 신발들이 많이 출시되면서, 승승장구를 계속 이어 가고 있는 것이다.

미국의 유명한 사회비평가이며, [노동의 종말], [소유의 종말] 등의 무수한 세계적인 베스트 셀러 도서의 저자인 제러미 리프킨(Jeremy Rifkind)은 나이키에 대하여 다음과 같은 말을 한 적이 있다.

" 나이키는 개념을 판매한다."

왜냐하면, 나이키라는 회사는 분명 세계 최대의 신발제조업체이다. 하지만 나이키는 공장도 기계도 장비도 심지어 부동산도 없다. 그래도 세계 최대의 제조업체이다. 그리고 미국의 많은 기업들이 나이키와 같은 전략을 따라 하고 있다. 하지만 그들은 나이키처럼 세계 최대의 제조업체가 거의 되지 못 한다. 나이키는 자신이 가진 강점과 약점을 잘 알고 있었고, 무엇이 돈이 되는 지 알고 있었다. 그래서 자신의 강점만 선택하고, 그것에 집중하여, 나머지는 다 아웃소싱이라는 이름 아래 내다 버리고, 거들떠 보지도 않는 다.

그 기업의 강점이 무엇이든, 어떤 분야의 기업이든, 어떤 산업을 하는 기업이든, 중요한 것은 자신의 강점을 파악하고, 그것에 집중할 수 있는 자기 경영의 실천 능력이다. 이처럼 개개인도, 자신이 어떤 분야에 강점을 가지고 있든, 그 강점에 집중할 때, 다른 사람들이 도저히 따라 올 수 없는 경쟁력을 가질 수 있게 된다.

남들과 같아지거나, 남들보다 낫기 위한 전략이 아니라, 남과 다르게 되거나, 가장 자신다워 지는 전략이 바로 강점 경영이다. 이런 점에서 강점 경영은 누구에게나 적용 가능한 전략인 것이다.

8. 이제는 독특함, 즉 감성과 창조의 시대다.

“ 이제는 고용자를 위해 일하는 사람이 대세가 아니라, 스스로를 위해 일하는 사람 즉 프리에이전트가 대세가 될 것이다.”

다니엘 핑크의 이 말은 시대의 변화를 가장 정확히 묘사한 말이라고 나는 생각한다. 세계적으로 가장 큰 성공을 거두고, 가장 큰 돈을 번 빌 게이츠나 워렌 버핏, 스티브 잡스 등은 시대의 변화를 누구보다 잘 꿰뚫어 보았던 사람들이다. 그러한 안목이 있었기에 그들은 시대의 리더가 될 수 있었다.

그렇다면 시대의 변화를 예측해 보라. 앞으로 10년 후에는 어떻게 될까? 아마도 직장인들보다 프리에이전트, 프리랜서들이 더 많아지게 될 것이다. 미국만 봐도 그렇다. 조직적인 직장 생활을 하는 사람들이 줄어들고, 개인 사업을 하고, 개인적으로 프로젝트를 하면서 먹고 사는 사람들이 많아지는 추세이다. 우리 주위를 살펴봐도 알 수 있다. 아주 빠르게 변화가 이루어지고 있는 것이다. 이러한 변화를 꿰뚫어 보지 못 하는 사람은 결국 타인의 뒤를 쫓아가야만 하는 입장이 된다.

시대를 선도하고, 부와 성공을 거머쥐기 위해서는 시대의 변화를 먼저 정확하게 꿰뚫어 볼 수 있는 눈이 있어야 한다. 다른 모든 것은 제쳐 놓고서, 확실한 한 가지의 변화는 미래는 프리에이전트의 시대라는 사실이다.

프리에이전트의 시대에 가장 필요한 것은 자기 경영이며, 청춘 혁명이다. 청춘의 시대에 확고한 자신의 분야를 개척해 놓지 않게 되면 더 이상 희망이 없다. 미래가 없다. 그런 점에서 시대의 변화에 가장 잘 맞는 성공 법칙인 셈이다.

우리가 살아가야 할 21세기는 한 마디로 변화와 혁신의 시대라고 말할 수 있다. 세계 최고 부호(富豪) 라고 한 때 불렸던 빌 게이츠는 '다가올 10년의 변화가 지난 50년의 변화보다 더 클 것이다.' 라고 말한바 있다. 그는 자신의 저서인 [빌게이츠@생각의 속도]란 책에서 21세기는 생각의 속도가 모든 것을 결정할 것이라고 말했다. 그 이유는 생각의 속도는 흔히 일컬어지는 광속(光速) 보다도 더 빠르기 때문이라고 한다. 그는 이 책의 서문에 다음과 같은 말을 한다.

" 나에게는 단순하지만 강한 믿음이 있다. 정보를 어떻게 수집하고 관리하며, 활용하는 가에 따라 사업의 성패가 좌우되리라는 것이다."

그의 말 속에는 매우 의미심장한 문장이 있다. 바로 '정보를 어떻게 수집하고 관리하며 활용하는 가' 라는 문장이다. 여기서 정보를 그는 무엇이라고 생각했을 까? 책의 흐름상 그것은 기업의 흥망성쇠를 결정짓는 중요한 내외적 정보들과 디지털 혁명이라는 시대적 변화에 따른 정보들일 것이다. 이러한 그의 주장은 정확하게도 개인의 생존 전략에도 그대로 적용 가능하다고 말 할 수 있다. 즉 자신의 강점(정보)이 무엇인지 발견하고(수집), 집중하여(관리) 발휘하는(활용) 정도에 따라, 개인의 성공과 실패가 좌우되는 점에서 일맥상통하기 때문이다. 이러한 방법을 이 책에서는 자기 경영 전략이라고 말할 수 있기 때문에, 빌 게이츠가 말한 것과 매우 유사하다고 할 수 있다.

그는 1980년대를 질(質)의 시대로, 1990년대를 리엔지니어링의 시대로, 그리고 2000년대를 속도의 시대로 예측했다. 그 이유는 2000년대의 비즈니스의 본질이 매우 빠른 속도로 바뀔 것이고 비즈니스의 처리속도 또한 빨라질 것이기 때문이라고 밝힌다. 아쉽게도 빌 게이츠는 2000년대 까지만 예측을 했다. 그렇다면 2010년대, 지금은 어떤 시대라고 말해야 할 까?

이러한 질문에 수많은 대답이 나올 수 있겠지만, 빌 게이츠가 속도의 시대라고 말한 것은 바로 비즈니스의 속성이 경쟁에 있기 때문에, 경쟁에서 이겨야 한다는 레드오션 전략이 그 밑바탕이라고 할 수 있다면, 이것과 상반되는 블루오션 전략의 초석이 되는 가치 혁신의 시대라고 말 할 수 있을 것이다.

기존의 전통적인 비즈니스는 경쟁자를 이기는 데 집중하는 레드오션 전략이라고 한다면, 블루오션 전략은 경쟁자들을 벤치마킹 하지 않고, 구매자와 회사를 위한 가치 도약을 이루어 새로운 비경쟁 시장을 창출하는 데 집중한다. 이러한 전략은 사뭇 상대방을 따라 하지 않고, 자신의 강점을 발견하여, 그것에 집중하여, 자신의 가치를 극대화하는 자기경영전략과 일맥 상통하다고 할 수 있다.

자기경영전략은 이렇게, 전통적인 전략에서도 숨겨져 있는 핵심 전략일 뿐만 아니라, 새롭게 이슈가 되었던 블루오션 전략에서도 초석이 되는 핵심 개념이라는 점에서, 그 우수성이 입증된다고 할 수 있다. 뿐 만 아니라, 지금 우리가 살아가고 있는 시대를 한 마디로 프리에이전트의 시대라고 말할 수 있기 때문에, 이런 시대에 가장 최선의 전략은 바로 자기 경영 전략이라고 할 수 있다.

이제는 성공 신화를 만들어 내었던 타인의 성공 법칙과 타인의 최고 제품을 베끼고 따라 하던 방식의 시대는 종식을 고해야 한다. 과거 50년 동안 유효했던 성공의 방식과 제품과 서비스들이 이제는 더 이상 유효하지 않은 시대이다. 이런 변화의 시대에 우리는 타인의 성공 전략만을 고수하는 그런 과거의 방식을 끝까지 붙잡고 있을 것인가? 아니면 미래와 자신을 향해 새로운 시도를 하는 새로운 차원의 도전인 자기 경영을 실천 할 것인가?

벤치마크(Benchmark)란 기준이 되는 점, 즉 측정 기준을 말한다. 그래서 벤치마킹(Benchmarking)이란 어느 분야에서 성공신화를 이룩한 우수한 상대를 표적으로 삼아 자신의 기업과의 성과 차이를 비교하고 분석하여, 이러한 차이를 극복하기 위해 그들의 뛰어난 운영 프로세스를 배우고, 따라 하면서, 자신을 그들처럼 바꾸고자 하는 경영 기법이라고 말 할 수 있다. 그리고 이처럼 자기 자신을 바꾸고자 하는 것을 자기혁신이라고 말 할 수 있다. 하지만 이 책에서 말하고 있는 자기 경영은 한 마디로 강점 경영이라고 할 수 있기 때문에, 벤치마킹을 통한 자기 혁신과는 매우 큰 차이가 발생하는 것이다.

강점경영은 또 다시 한 마디로 요약하면, 벤치마킹이 아니라, ‘셀프마킹(Self-marking)’이라고 할 수 있다. 셀프 마킹은 자기 자신의 강점을 기준점으로 삼아, 자신의 강점을 가장 극대화할 수 있는 자신만의 프로세스를 스스로 만들어, 강점을 경영해 나가는 것이라고 말 할 수 있다.

이러한 셀프 마킹은 타인의 성공을 따라 하고자 하는 벤치마킹과 달리, 자기 자신의 내면에 숨겨진 강점을 찾기 위해, 자신을 먼저 돌아 봐야 한다는 점에서 자신의 성찰이 필요한 전략이라고 할 수 있다.

그런 점에서 강점경영이 핵심인 자기경영전략은 바

로 자신을 찾아가고, 자신을 성장시키는 전략이라고도 할 수 있다. 더 더욱 지금 우리가 살아가야 할 시대인 프리에이전트의 시대에는 이러한 전략이 더욱 더 빛을 발하게 된다는 점에서, 자기경영이 미래 지향적인 성공 전략인 셈이다.

프리에이전트가 갖추어야 할 단 한 가지 핵심 요소는 탁월함이다. 즉 위대해져야 한다. 그런 점에서 이제는 독특함의 시대라고 말할 수 있을 것이다.

'이제는 감성과 창조의 시대다. 엑설런트를 추구하고 엑설런트에 열광하는 엑설런트의 신봉자가 되어라'

이것이 필자가 미치도록 청춘들에게 하고 싶은 말이다.

9. 감성과 창조의 시대에 필요한 전략.

[프리에이전트의 시대가 오고 있다.]의 저자인 다니엘 핑크도 조직 인간의 시대는 이제 서서히 끝이 나고 있다고 단언하면서, 이제는 고용자를 위해 일하는 사람이 대세가 아니라, 스스로를 위해 일하는 사람 즉 프리에이전트가 대세가 될 것이라고 주장한다.

과거에는 어떤 조직에 귀속되어, 그 자리와 그 곳에서 필요한 일을 단편적으로 하기만 하면, 월급이 나왔고, 사회적 직위가 보장 되었다. 그야말로 귀속된 인간이었고, 조직의 일원이라고 할 수 있다. 대 부분의 사람들이 직장인이었다. 어디에 속하든 속해야 했던 시대였다.

하지만 시대가 변하여, 조직도 더 이상 오래 동안 그 자리에 앉아 있는 사람을 원하지 않게 되었고, 그로 인해 직장인들은 언제든 회사를 나올 준비를 해야 하는 시대가 되었다. 평생직장이 과거의 역사가 되어 버린 이 시대에 우리가 준비해야 할 것은 자신을 되돌아 보는 일일 것이다.

지금도 우리들이 하고 있는 선부른 자기계발의 토대가 되어 온 것이 바로 조직 인간의 시대에 조직들이 필요한 사람들을 값싸고, 쉽고, 편하게 충원시키기 위해서 만든 '스펙 시스템' 이라고 할 수 있다. 그 결과 수많은 사람들이 자신의 강점을 멀리하고, 오직 스펙을 쌓기에만 몰두하게 되었다.

죽도록 열심히 해서 쌓은 스펙들은 따지고 보면, 회사나 조직이 필요로 하는 규격화된 사람, 표준화된 사람을 만들기 위한 조치에 불과한 것이다. 이런 점에서 스펙 쌓기에 몰두하는 것은 과거 조직 인간의 시대에 걸 맞는 성공 전략이라는 점을 알아야 한다.

그리고 어떤 조직도 평생 당신을 고용하지 않는 다는 사실도 알아야 한다. 기껏 죽도록 열심히 해서, 어떤 조직에도 들어갈 수 있는 스펙을 쌓았다 해도, 몇 년 정도 일하다가, 나와야만 한다는 사실을 알아야 한다. 그리고 그 때부터, 자신은 깨닫게 된다. 스펙이 아닌 자신을 경영하는 것이 가장 좋은 성공 전략이라는 사실을 말이다.

이런 점에서 스펙 쌓기에 몰두하지 말라고 당부하고 싶다. 남들이 다 하는 스펙 쌓기보다는, 자신만의 강점을 더욱 더 강하게 향상시키는 것이 앞으로의 시대에는 더 큰 경쟁력이 된다는 것을 말하고 싶다.

과연 자신에게 어떤 강점이 있는 지? 그리고 그것에 집중하고, 그것을 최대한 발휘해 낼 수 있는 일이 무엇인지를 곰곰이 생각해 보아야 한다. 왜냐하면, 지금 이 시대뿐만 아니라, 앞으로의 시대에는 표준화된 고스펙의 사람보다는, 자신의 강점을 더욱 더 강화시켜, 남과 차별화된 온리원을 더욱 더 원하기 때문이다.

남들도 다 할 수 있는 어떤 일을 좀더 열심히, 좀 더 많이, 좀 더 잘 하는 것을 원하는 것이 아니라, 남들이 할 수 없는 일을 창조하고 만들어 내고, 해 내는 사람을 이 시대는 원한다는 것이다. 그래서 이 시대의 요청에 가장 잘 부응할 수 있는 것은 바로 자기경영 전략인 것이다.

구본형 변화경영연구소 소장은 평생직장이란 이제 추

억이 되어 버렸다고 말한다. 그리고 이렇게 평생직장이 추억이 되어 버려, 안정된 직장 생활을 기대하기 힘든 이 시대에 스스로 힘을 가지려면 명함의 주술에서 벗어날 수 있어야 한다고 말한다.

그러기 위해서는 무엇보다 자신을 회사에 고용된 직장인이 아닌 스스로를 자신의 경영자라고 규정할 필요가 있다고 한다. 이러한 규정은 다른 시각에서 자신의 일을 재해석하는 힘을 제공해 준다는 것이다. 그래서 자신을 마치 한 사람으로 이루어져 있는, 대응력이 민활한 1인 기업이라고 규정하는 것을 통해, 자신과 회사의 관계를 새롭게 정립할 수 있다는 것이다.

충성심과 시간을 판 대가로 먹을거리를 해결하는 고용관계가 아니라, 계약에 의한 상호 협력관계라는 새로운 인식은 스스로를 직장에서 해방시킴으로써 1인 기업의 경영주로서의 새로운 출발을 가능하게 한다는 것이다.

하지만 그의 주장대로 1인 기업의 경영주로서 새로

운 출발을 하기 위해서는 인식만을 바꾸어서는 불가능하다. 무엇보다 자신의 기업인 자기 자신에 대한 명확한 분석이 필요하다. 그래서 자신의 기업이기도 한 바로 자기 자신이 가지고 있는 가치와 자원이 무엇인지 파악하고, 그것에 집중할 때, 실속 있는 1인 기업이 가능하다고 할 수 있다.

그렇기 때문에 자기 경영 전략은 1인 기업으로서의 경영주로 살아가고자 하는 사람에게 더 없이 좋은 생존 전략이며, 무한 인생 경영 방법이 될 것이다.

이제는 필연적으로 대량 실업 시대이다. 더 이상 이 시대는 개인의 노동을 중요한 생산 요소로 인식하지 않기 때문이기도 하다. 기업이 요구하는 가치를 제공해 줄 수 있는 새로운 자원들이 끊임없이 투입되기 때문이기도 하다.

그래서 우리가 선택할 수 있는 유일한 길은 이러한 변화를 인정하고, 스스로를 고용하여, 프리에이전트의 삶을 사는 것이다. 그렇다고 해서 직장을 그만 두라는 말이 아니다. 직장 안에 있든, 밖에 있든 상관없이, 자신을 스스로 고용하는 프리에이전트로 변신하라는 말이다.

이 시대를 살아가는 모든 사람들은 프리에이전트로 변신하여, 자신을 스스로 고용해야 할 필요가 있다. 그리고 그렇게 변신하기 위해서는 자신의 약점이 아니라, 오히려 강점을 잘 파악하고, 그것에 선택적인 집중을 할 수 있을 때, 성공적인 변신이 가능하게 된다. 그러므로 자기경영은 감성과 창조의 시대에 필수 전략이라고 말 할 수 있는 것이다.

## 10. 성공 조건은 시대에 따라 달라진다.

이 세상에서 최고의 성공 조건은 우리 내면에 있다. 바로 우리 안에 있는 것들 중에 하나가 최고의 성공 조건이다. 멀리 밖에서 찾는 것은 어리석은 짓이다. 우리가 가장 명심해야 하는 한 가지 사실은 우리 안에 모든 것이다 있다는 사실이다.

어떤 문제의 해결책도 결국엔 우리 안에 있으며, 어떤 창작을 위한 실마리도 우리 안에서 그것이 비롯된다. 그리고 어떤 거대한 계획도 우리 안에서 시작 된다. 우리가 생각 하는 것이 결국에는 현실이 되기 때문이다.

어떤 것도 우리 내면에서 시작 되지 않은 것이 없다. 우리 내면에서 우리가 발견할 수 있는 것 중에 하나인 우리의 강점과 생각은 성공의 가장 큰 조건이다. 아무리 강점이 강하고 훌륭하다고 해도 생각이 그것을 끄집어 내지 못 할 정도로 나약하거나 부정적이라면 무용지물이다. 반대로 아무리 생각이 강하고 긍정적이라 해도 강점이 너무나 약하고 빈약하다면 그것도 무용지물이다.

우리는 강점이 사그라질 정도로 내버려 두어서는 안 된다. 청춘의 시기에 반드시 강점이 다시 되살아나서 싹을 틔우고 열매를 맺을 수 있도록 보호해 주고, 물을 주어야 한다. 그렇게 물을 주고 보호하기 위해서는 무엇보다 우리 내면의 생각이 보조를 맞추어 주어야 한다. 생각보다 창의적이고 강력한 에너지도 따지고 보면 없다. 인류의 모든 문명의 발전과 번영이 우리의 생각에서 시작되었다고 해도 과언이 아닐 정도로 생각은 모든 것의 시작점인 셈이다.

" 자신만의 재능이 자신만의 성공의 조건이다. "

'비즈니스 심리학의 구루' 라고 불리는 주디스 L. 조이스는 자신의 저서인 [심리학, 성공의 비밀을 말하다.(원제: The Psychology of Success)]라는 책을 통해, 성공의 비밀에 대해 아주 명쾌하게 설명하고 있다. 그의 주장을 요약해 보면, 모든 사람은 다 자신만의 재능을 가지고 있는 데, 그러한 자신만의 재능이 자신의 성공의 조건이라는 것이다. 그래서 그러한 성공의 조건을 발견하고, 활용하는 사람은 성공을 할 수 있다는 것이 성공의 비밀이라고 단언하고 있다.

그는 자신의 책을 통해, 성공하는 사람들은 다름아닌 끊임없이 목표를 추구하는 사람들인데, 이런 사람들은 다섯 가지의 원칙을 가지고 있다고 한다. 첫 번째 원칙은 자신만의 스타일을 아는 것이다. 두 번째 원칙은 자신의 중압감을 파악하는 것이다. 세 번째 원칙은 인생의 재조정단계를 활용하는 것이다. 네 번째 원칙은 자신의 재능을 발견하는 것이다. 그리고 다섯 번째 원칙은 자신의 욕구를 중요하게 여기는 것이라고 한다. 그렇다면, 성공하는 사람들이 실천하는 다섯 가지 중요한 원칙 중에 두 가지가 자신만의 스타일을 알고, 자신의 재능을 발견하는 것, 즉 강점을 발견하는 것이라고 요약할 수 있다. 그리고 무엇보다 가장 큰 성공의 조건은 자신에게 숨어 있는 핵심 재능을 발견하는 것이라고 할 수 있다.

" 인생여정을 통해 성공과 발전을 가져다 줄 수 있는 것이 재능이다. 누구나 재능을 갖고 있다. 끊임없이 목표를 향해 그것을 활용하느냐, 못하느냐는 자신에게 달려 있다."

이처럼, 성공과 발전의 근간은 재능이며, 그것을 발휘하고, 활용하기 위한 첫 걸음은 자신의 재능인 강점이 무엇인지 제대로 찾아내는 것이다. 이런 점에서 사람마다 성공의 조건은 다 제각각 이라고 할 수 있다. 왜냐하면 사람마다 가지고 있는 재능, 강점은 다 다를 수 밖에 없기 때문이다.

" 우리는 무엇보다, 그리고 다른 어떤 것보다 스스로 우리 자신을 혁명할 수 있다. "

이러한 생각이 자기 경영 전략의 초석이 되는 개념이다. 우리 자신을 혁명하기 위해, 타인의 장점이나 타인의 성공 법칙이 필요한 것이 아니다. 바로 자기 자신의 장점과 자신만이 할 수 있는 성공 법칙이 필요한 것이다. 우리는 우리 각자에게 가장 적합한 저마다의 성공의 조건을 자기 경영을 통해 발견해 낼 수 있고, 그것을 통해, 성공의 길을 갈 수 있다. 이런 점에서 자기 경영이야 말로, 모든 사람들이 생존 전략으로 삼아도 좋은 전략이라고 말 할 수 있다.

특히 감성과 창조의 시대에는 최고의 성공 조건이라고 감히 말할 수 있을 것이다.

## episode _독특함의 대가를 직접 만나라. Ⅳ

### 독특함의 대가 Ⅳ - 조엔 k. 롤링.

" 내가 뭔가를 해냈다는 사실이 기쁘고, 또 내가 잘 하는 일이 하나쯤은 있다는 것을 알게 되어 기쁩니다. 사무직에 있을 때는 일에 서툴렀지요. 그러나 지금은 내가 잘 할 수 있는 일을 알게 되었고, 그 일을 할 때, 가장 행복합니다."

영국의 작은 마을에서 태어난 조엔 k. 롤링은 어떻게 보면 또 한 명의 자기 경영의 대가라고 말 할 수 있다. 왜냐하면, 그녀로 하여금 엄청난 부와 성공을 가져다 준

것은 바로 그녀가 이 세상에서 가장 잘 할 수 있는 '몽상'이라는 강점이라고 말 할 수 있기 때문이다.

그녀는 처음부터 그러한 자신의 강점에 집중하여, '해리 포터 시리즈'를 쓰고자 결심 한 것은 아니다. 처음에는 그녀도 다른 사람들과 마찬가지로 회사에 취직을 했다. 하지만 그녀는 도저히 회사 생활에 적응을 할 수가 없었다. 너무나 규칙적이고 틀에 짜인 직장 생활은 몽상가 기질로 충만한 그녀에게는 감옥과 같은 곳과 다를 바 없었기 때문이다. 결국 회사에서 쫓겨나게 되었다. 그녀가 회사에서 쫓겨나게 된 것은 매우 다행스러운 일이었다고 볼 수 있다.

만약에 그녀가 회사에서 쫓겨나지 않고, 죽도록 일을 하면서, 평생을 그럭저럭 회사를 다닐 수 있었다면, 그녀의 놀라운 강점인 몽상가 기질은 스스로 사장될 수 밖에 없는 환경에 놓이게 된 것과 다를 바 없기 때문이다. 정말로 그녀가 회사에서 쫓겨나오지 않았다면, 지금의 조엔 K. 롤링이 존재할 수 없었을 수도 있었다는 사실에 우리는 인생을 길고 넓게 바라 봐야 한다는 사실을 명심하자.

직장을 잃은 그는 포르투갈로 가서, 영어 강사로 일을 하게 된다. 그곳에서 현지 기자를 만나서 결혼하게 되고, 딸 제시카를 낳게 된다. 하지만 결혼한지 채 3년도 안 되어, 이혼하게 되고, 설상가상으로 생후 4개월 밖에 안 된 딸을 혼자서 키워야 했다. 하지만, 그녀에게는 그 때부터 변변한 일자리가 없었다. 3년여 동안 정부 보조금으로 연명하며, 비참하게 살았던 것이다.

싱글맘에, 실업자로 살았던 그녀는 정부에서 나오는 보조금으로 몇 년을 버티다가, 그것도 끊겨서, 아기에게 분유 대신 물만 먹이며, 살아야 할 만큼 비참한 밑바닥 생활도 하게 되었다.

이렇게 비참한 밑바닥 생활에 내몰린 그녀에게 정말 필요한 것은 이제 무엇일까? 그것은 바로 자신의 강점을 발견하고, 그것에 집중하는 자기 경영이 아닐까? 그녀는 인생의 가장 밑바닥에서, 이제 더 이상 잃을 것도 없다는 사실을 깨닫고, 그 동안 자신이 가지고 있었던 엄청난 강점이지만, 제대로 집중하지도 못했고, 그로 인해 한 번도 제대로 발휘를 못 했던 '몽상가' 라는 자신만의 특유한 강점에 모든 것을 걸게 되었던 것이다.

아침에 일어나자마자, 애기를 유모차에 태우고, 정신없이 도시를 헤매다가, 애기가 자면, 비로소 그 때부터, 애기가 깰 때까지, 집 근처의 작은 카페의 한 구석에서 하루 종일 동화를 쓰기 시작 했던 것이다.

하지만 처음에는 출판사로부터 수 없이 많은 거절을 당했을 뿐만 아니라, 심한 혹평을 듣기도 했다.

" 조엔, 애들이나 보는 동화 이야기로 돈을 벌 수 없어"

라는 냉혹한 말도 들었지만, 그녀는 포기 하지 않고, 시도를 거듭하였다. 그 결과 매우 작은 출판사 한 곳에서 출간하기를 결정했다는 연락이 왔고, 드디어 출간하게 되었다.

결국 그녀는 출판 사상 유래 없는 대 성공을 거두게 되었다. 2000년 이후 세계에서 가장 많이 팔린 책의 저자가 되었던 것이다. 그녀는 자신의 성공의 비결이 다름 아닌 자신의 강점에 집중한 것이라고 말한다.

“ 내가 뭔가를 해냈다는 사실이 기쁘고, 또 내가 잘하는 일이 하나쯤은 있다는 것을 알게 되어 기쁩니다. 사무직에 있을 때는 일에 서툴렀지요. 그러나 지금은 내가 잘 할 수 있는 일을 알게 되었고, 그 일을 할 때, 가장 행복합니다.”

그녀의 말대로, 그녀가 사무직에서 일이 서툴지 않고, 그럭저럭 회사에서 버틸 수 있을 정도가 되었다면, 그래서 회사에서 쫓겨나지 않아도 되어, 회사원으로 오래 근무를 하며 살았다면, 우리는 동 시대에 가장 위대한 최고의 작가와 어린이들에게 꿈과 용기와 희망과 상상력을 무한정으로 심어 줄 수 있는 위대한 작품, 두 가지를 동시에 잃게 되었을 수도 있었다는 사실을 알아야 한다.

그래서 누구에게는 회사에서 쫓겨나오는 것이 전화

위복이 되어, 더 크고 멋진 인생을 살 수 있는 터닝포인트가 된다는 사실을 또한 명심해야 할 것이다.

조엔 K. 롤링이 동화 작가가 되어 큰 성공을 거두었다고, 너나 할 것 없이 동화 작가가 되려고 하는 사람이 있다면 그는 매우 어리석은 사람이다. 왜냐하면 당신에게는 당신을 세계 최고가 되게 만들어 줄 당신만의 강점이 숨어 있기 때문이다. 그것을 발견하고자 한다면, 회사에서 쫓겨 나와야 한다. 이 세상에 공짜는 없다. 위험을 기꺼이 감수해야 한다.

에필로그_자신을 비범하게 만드는 독특함을 발견하라.

" 여러분이 선택만 한다면, 나이나 환경에 상관없이 인생의 황금기가 바로 여러분 앞에 펼쳐질 것이다. 왜냐하면, 여러분의 잠재력 중 90퍼센트가 아직 계발되지 않았으며, 사용되고 있지 않을 뿐 아니라, 발견조차 되지 않고 있기 때문이다. 이는 우리에게 믿어지지 않을 만큼 아주 좋은 뉴스이다. "

< 할 어반의 [인생의 목적] 중에서 _ 팀 핸젤의 말, 23쪽 >

이 말은 할 어반의 [인생의 목적]이란 책에 소개된 탐험가이자 연설가인 팀 핸젤의 말이다. 우리는 그의 말을 잘 명심해야 할 필요가 있다. 왜냐하면 그의 말은 아주 잘 이 책의 주제를 간단하게 정리해 놓은 것과 일맥상통하기 때문이다.

그의 말처럼, 우리가 우리의 강점이 될 수 있는 잠재력을 발견조차 하지 않고 있기 때문에, 아직 인생의 황금기가 우리 앞에 펼쳐지지 않은 것이라고 생각해야 한다. 우리가 미처 발견조차 하지 못 했던 잠재력인 강점을 발견하고, 사용하기만 한다면, 우리는 나이나 환경에 상관없이 우리의 인생의 황금기가 우리 눈앞에 펼쳐질 것이라고 확신 할 수 있다.

인생의 황금기는 바로 자신만이 할 수 있는 자신의 길을 자신의 강점을 최대한 발휘하며, 최고로 살아 갈 수 있는 인생 시기이다. 이러한 인생 시기를 살기 위해, 필요한 것이 바로 자기경영이다.

우리는 자신의 강점을 발견하고, 그것에 집중하여,

그것을 최대한 발휘해 낼 수 있는 강점 경영식 자기 경영을 통해, 최고의 인생을 살 수 있고, 최고로 살아 갈 수 있다. 이것이 이 책이 말하고자 했던 주제이기도 하다. 타인의 삶을 모방하고, 타인의 길을 따라 가게 되면, 요행히 성공을 한다 해도, 그것은 참 된 의미의 성공이라고 할 수 없다.

무엇보다 성공을 했지만, 자신은 온데간데없어지고 만다. 자신의 존재 가치와 목적, 삶의 의미가 모두 상실되어 버리기 때문이다. 이러한 것들을 모두 더욱 가치 있는 것들로 만들면서, 성공까지 할 수 있는 전략이 바로 자기경영이라고 할 수 있다.

위대한 철학자 토머스 칼라일은 " 각 개인이 부여받은 능력만큼 되도록 하자." 라고 말한바 있다. 어떻게 보면, 이보다 더 명확하게, 그리고 간결하게 인생의 의미와 성공에 대해 설명한 경우를 찾아보기는 쉽지 않을 것 같다.

이 세상에는 너무나 많은 사람들이 자신에게 부여 된 능력을 제대로 발휘하지 않은 채, 인생을 낭비하며 살다

가는 것을 볼 수 있다. 이러한 불행을 막기 위해 가장 필요한 것은 바로 강점 경영 위주의 자기 경영 전략이라고 말 할 수 있다.

모쪼록 이 책을 읽은 독자들은 모두, 자신의 강점을 잘 경영하여, 최고의 인생, 최고의 삶을 최고로 살아 갈 수 있게 될 것이라고 믿어 의심치 않는 다.

자신을 위대하게 만드는 인생길은 결국 자신의 내면을 응시할 때 발견할 수 있다. 독특함의 본질은 자신의 내면에 있다. 누구나 독특함을 갖고 태어났다. 그렇기 때문에 당신이 위대해지는 유일한 길은 당신의 내면에 있는 독특함을 발견하고 깨우는 것이다.

판권

초판 인쇄: 2026년 1월 25일
초판 발행: 2026년 1월 25일

펴낸이: 김병완
펴낸곳: (주) 플랫폼연구소

출판등록: 제 2020-000075호

이메일: pflab2020@naver.com

주소:서울시 강남구 삼성동 116 백우빌딩 402호

ISBN 979-11-24195-71-0 (03190)